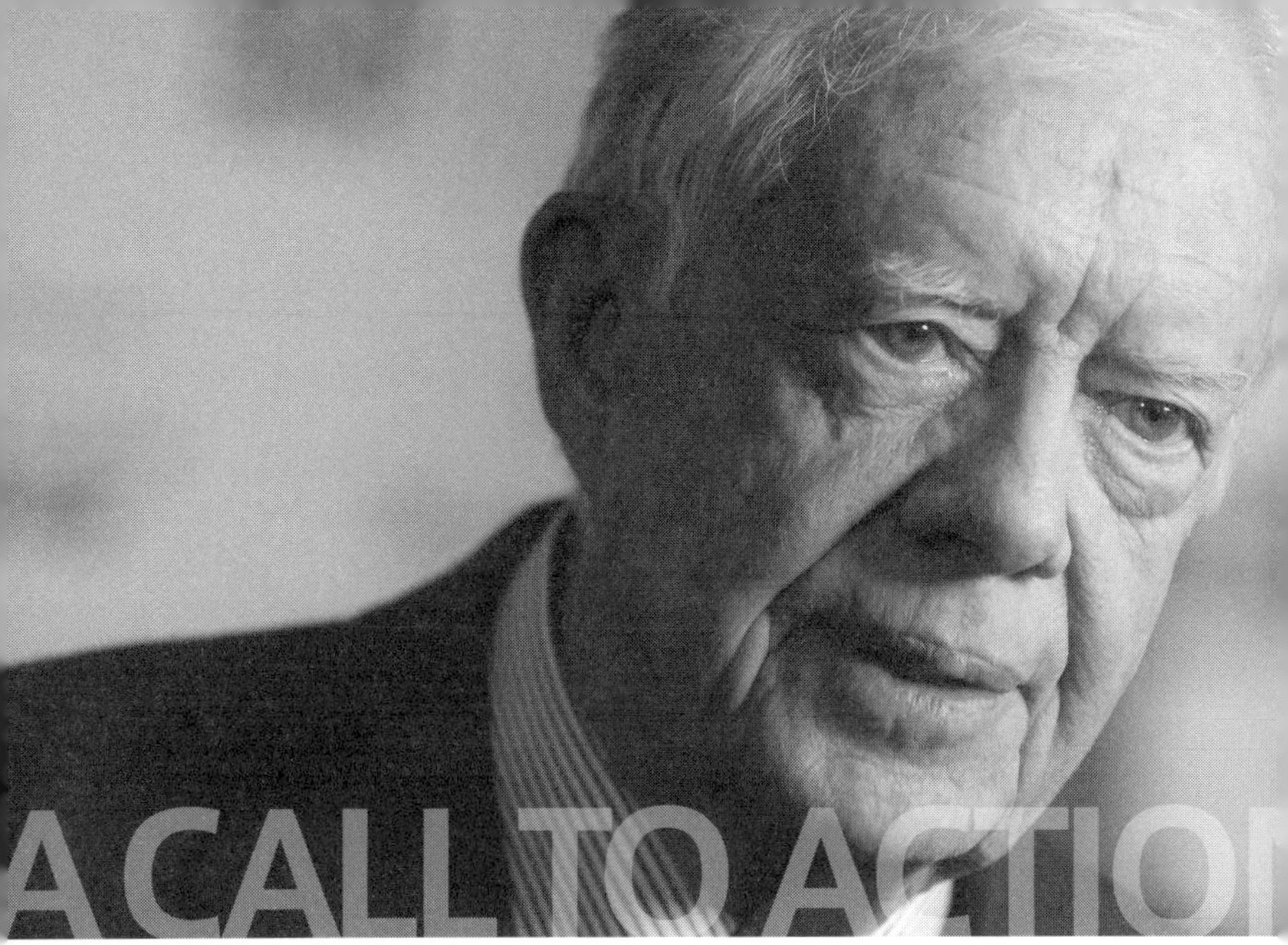

ジミー・カーター 著
伊藤淑子・千年よしみ・釜野さおり 訳

アクションを起こそう

—— 女性、宗教、暴力、権力

国書刊行会

アクションを起こそう

——女性・宗教・暴力・権力

A CALL TO ACTION
Women, Religion, Violence, and Power

Japanese translation rights arranged with
Janklow & Nesbit Associates
through Japan UNI Agency, Inc., Tokyo

カバー写真：© Abaca/amanaimages

目次

はじめに

本書に述べるのは、偏見、差別、戦争、恣意的にゆがめられた聖典の解釈、身体的・精神的虐待、貧困、そして疾病に係ることである。それらすべてが、不当に重く女性と女児にふりかかる。

私はアメリカ南部で育ち、人種差別の惨状を見てきた。一世紀ものあいだ、連邦裁判所をはじめとするすべての政治的、社会的機関が、基本的に、黒人は白人よりも劣るという前提を受け入れていた。この前提に同意しない支配階級の人々も、沈黙を守り現行システムの利益を享受していた。この差別を正当化するために、聖典の言葉が恣意的に選ばれ、神の名のもとに引用された。

同様の差別体制が限られた地域のみならず、地球上の隅々にまで広がっている。どの国も例外ではない。人身売買、身体切除、そして正当化された大量虐殺さえ、存続し拡大し続けている。この差別体制は、男性と男児は女性と女児よりも優れているという前提に基づいている。女性は基本的に男性よりも劣っているとし、男性と対等な立場で神に仕える資格はないと主張し続けるために、多くの男性宗教指導者は、聖書、コーラン、その他の聖典をゆがめて解釈している。多くの男性はこの考えに反対だが、自分たちの支配的な地位を享受するために、沈黙を守っている。この事実に反する前提は、日常生活及び宗教生活のあらゆる面に見られる女性差別を正当化するために使われている。男性の多くが、女性と女児への体罰の正当化のために、この前提を用いるほどである。

女性と女児への虐待を正当化する他の要因は、不当な武力闘争や犯罪者に対する過剰で偏った処罰である。最終的にではなく、最初の手段として暴力をふるうケースが、あまりに多い。そのため、死に至る暴力さえも、ありふれた出来事になってしまった。

この二つの要因によって、人類の半数を占める女性に対し、長期にわたって平等の権利が否定されてきたこと、そしてこの差別が、男女を問わず私たちすべてに害を及ぼすことを、自分の経験と、世界の全地域及び宗教を代表する勇気ある女性たちの証言から、私ははっきりと理解した。

私と妻のロザリンは約一四五か国を訪問し、私たちが設立した非営利団体のカーターセンターは、その半数ほどの国でプロジェクトを実施してきた。近年、私たちはしばしばジャングルや砂漠の奥地に住む村人たちと直接話し合う機会があった。私たちは、村人たちの個人的なこと、とくに経済格差が一〇年ごとに急速に広がっていることを知った。これは豊かな国と貧しい国のあいだにも、そしてそれぞれの国民のあいだでも当てはまる。事実、アメリカ国内の純資産と所得の格差は私がホワイトハウスにいた頃よりも広がっている。二〇〇七年までに中位六〇パーセントの所得の増加は、下位二〇パーセントの所得の増加分の、二倍であった。そして、上位一パーセントの所得の増加分は一五倍以上となった。これは主として、選挙への投資以上の利益を得ようとする富裕層が、ワシントンや各州都で多大な影響力を行使しているためである。「資産をもち、自信にあふれ、教養もあり、政府に影響力をもつ富裕層により多くの富を分配することを、大きな政府は避けられない」と保守派のコラムライターであるジョージ・ウイルが書いているように。

経済格差の拡大が大きな問題とされる一方で、世界で最も深刻で知られていない課題は、女性と女児の虐待と貧困であると、私は確信している。この問題の大半は、恣意的に選ばれた聖典をゆがめて解釈し、そして残念なことに、私が生きてきた時代のアメリカの行動によって、暴力と戦争に対する耐性が強まったことに起因している。途方もない人類の苦しみに加え、認めたくはないが、地球に住む人類の半分の貢献が失われることによって、経済的繁栄にも壊滅的な影響がある。これは女性だけの問題ではない。最貧国だけの問題でもない。この問題の影響は私たち全員に及ぶ。

カーターセンターの人権プログラムを通じて、女性差別問題に何年か取り組んだあと、私はより積極的に意見を述べるようになった。これをきっかけに私は二〇〇九年の十二月、オーストラリアで開催された数千人規模の万国宗教会議で、グローバルな課題である女性への虐待に対抗するための土台として、宗教の重要性について話すように求められた。私はキリスト教徒であり、七〇年以上の経験をもつ聖書の教師、そしてかつての政治指導者として、個人的な見解を述べた。

国際協定や自らの道徳から導きを得て、私たちは人と人との関係を構築していることを私は聴衆に説いた。正義と慈悲、男女平等、そして苦しみを和らげ、務めへの献身を謳う世界人権宣言、聖書、コーランなどの大切な聖典が私たちを導く。しかし聖典の言葉の多くは、キリスト教、ユダヤ教、イスラム教、ヒンズー教、仏教、どの宗教でも権力をもつ男性指導者によって解釈され、女性と女児が劣位にあると主張されている。神の前で女性は劣っている、という主張は一般人の日常生活にも浸透し、女性への継続的な差別と暴力を正当化する。女性に対する差別と暴力には、処罰されることのないレイプや他の性的暴力、新生児殺し、女児である場合の中絶、世界中に広がる女性の人身売買、レイプされた無実の女性に対する「名誉」の殺人、これほどひどくはないが女性の低賃金と昇進の遅れ、そして男性の政治的支配が含まれる。このように不利な立場にあるにもかかわらず、注目すべき業績を上げた女性について私は述べ、私自身の信仰上の闘いについても説明した。私は、プロテスタント、カトリック、コプト教、ユダヤ教、イスラム教、仏教、ヒンズー教、地域に伝わる信仰、どのような宗教の信者であれ、私たちの基本となる道徳的価値の侵害について学び、これを是正するために、いまこそアクションを起こすときであると呼びかけた。

私たちの宗教が何であれ、不公平な神など想像できない。

マレーシア、イスラムの姉妹創立者　ザイナー・アンワール以下のページに、子どもとして、潜水艦将校として、農民として、公民権運動盛んな頃の教会の指導者として、知事として、大統領として、大学教授として、カーターセンターで地球規模の仕事をする者として、私が女性差別問題についてどのように学んできたかを記述している。九〇年間に及ぶ私の人生の中で、数多くの、そして無視され続けてきた性に基づく犯罪についてますます意識し、心を痛めるようになった。問題が世間に広く知られて理解されるようになれば、その多くを終わらせることができるという希望はある。私は本書によって女性の人権への侵害がより多くの人々に知られることとなり、この根深い問題が協調的に解決されることを望む。

本書は、男性による女性の支配に関して宗教に基づいて論じ、私たちの「暴力の文化」が女性の人権を否定することにつながる仕組みを考え、そして両者のつながりについて探求する。私は、男性による女性の支配は抑圧の現れであり、それは暴力につながるという立場をとる。女性の虐待につながるこの二つの基本的な要因を検討しなければ、女性の権利を促進する方向へ進むことはできない。

一九六三年にリンカーン記念館において行われたマーティン・ルーサー・キング・ジュニアの演説「私には夢がある」を記念するため、二〇一三年八月、私は公民権運動の指導者や二人の歴代のアメリカ大統領と、リンカーン記念館に赴いた。聴衆を前にして、当時執筆中だった本書のことを考えたとき、その演説から四年後にニューヨークで行われたキング牧師による他の演説が私の心に浮かんできた。その演説は、私の長男も戦っていたベトナム戦争についてであった。キング牧師は、

「最初に今日の世界で最も暴力を蔓延させている者――私の国――について、はっきりとその旨を述べることなしに、ゲットーで抑圧されている人々への暴力に対して声を上げることはできない」と断言した。さらにキング牧師は、私たちアメリカ人が視野を広げ、自由は平和と非暴力に対する自らの献身と密接に結びついていることを理解する必要があると述べた。

これと同じ論理で、社会の暴力を是認する要因――この暴力は不可避的に男性よりも女性に多く降りかかるのであるが――に言及しなければ、私たちの時代の人権闘争である女性の権利について問題提起できない。軍事に頼る外交も問題であるが、更生という選択肢があるにもかかわらず、合法的に暴力をふるい、過度に自由を奪う刑事司法制度も問題である。「犯罪者に厳しい態度で臨む」、「テロリズムに厳しい態度で臨む」といった姿勢に伴う短期的な政治上の利益だけでは、蔓延する犯罪、性的暴力、地球規模のテロリズムなどの問題を解決するには至らない。

人類史上、以前よりも暴力が拡大したわけではないが、これまでとは違うことに私は気づいた。世界が平和と人権を支持する明確な基準を私たちは見てきたし、情報のグローバル化によって、この非暴力の原則を、力があり、称賛も受けている民主主義国が侵害するようなことがあれば、世界中の国々に反響が及ぶことは確実である。平和に関する国際的な協調と法の原則に鑑みれば、女性の権利を認める方向へ、私たちはもっと進歩していなければならなかった。第二次世界大戦後の人権に関する進歩の多くが、問題解決のために他人に暴力をふるうという方法に頼ることで、リスクにさらされている。

私たちは、道徳的かつ宗教的な原則の基盤が、つねに関係していることを忘れてはならない。ローマ法王フランシスコは、暴力は社会問題の真の解決方法を提示しないことと、暴力への依存は神の意思に反することを、「信仰と暴力は両立しない」という言葉で明快に述べた。この平和と慈悲を高める力強い提言に、すべての宗教が同意するだろう。

二〇一三年六月、私たちは、宗教指導者、学者、そして女性と女児が完全に平等な権利を得ることと宗教生活を一致させる目的のために、日夜努力を重ねている活動家をカーターセンターへ招待した。私たちは、この集まりを「人権擁護フォーラム」と呼んでいる。本書には、人権擁護フォーラムに参加した人々の、この問題に関する多くの示唆に富む簡潔で的確な提言を掲載している。

第1章

私の子ども時代

私はジョージア州プレーンズの西にある、かなり人里離れたアーチェリーという田舎町で子ども時代を過ごした。当時、その町にはアフリカ系アメリカ人家族が五〇世帯ほど、そして白人家族が二世帯住んでおり、一つが私の家族、もう一家族はシーボード・エアライン鉄道の修理工チームの現場監督の家だった。当時も、いまも南部には騎士道精神が残っており、私はすべての女性を尊ぶように教えられた。私の母は正看護師として働いており、あまり家にいなかった。ときには、自分の患者の看病で一日二〇時間も患者の家にいることもあった。母は夜一〇時に帰宅し、風呂に入り、私と妹へするべきことのリストを書き、午前二時には再び患者の所へ戻っていった。母のスケジュールがこのように多忙をきわめているときには、両親は私たち子どもの食事の用意と、家事のために黒人女性を一人か二人雇うのが常であった。人種隔離時代であった当時でも、父は私たちに、雇われた女性たちを敬い従うよう諭した。そして、彼女たちも私たちが尊敬できないようなことは一度もしなかった。

私は父と畑や森、納屋や鍛冶場で作業をし、仕事がないときには友だちと川や森で過ごすことが好きで、家にはあまりいなかった。私は黒人の友だちや農場の作業人と一緒に、どっぷりとアフリカ系アメリカ的な文化に浸っていた。

私のヒロインは、レイチェル・クラークだった。彼女の夫は、私たち家族の所有する家畜の世話と、農機具の手入れをし、皆を起こすために農場のベルを夜明けの一時間前に鳴らすのが日課であった。『いつも見込み通り』（*In Always a Reckoning*）と題する私の詩集の中にある、私の最初で最長の詩のタイトルは「レイチェル」である。彼女は「女王のようなオーラ」を放っており、料理や洗濯などの細々とした仕事をするように白人から言われたことは、ただの一度もなかった。レイチェルは私に魚の釣り方、木や鳥、花の見分け方、そして神や他人との付き合い方を教えてくれた。そのようなことで、私と彼女は親しかった。レイチェルは、男女を問わず誰よりも多くの綿を収穫し、誰よりも多くのピーナッツの束の土を払って積み重ねられることで有名だった。収穫時、賃金が収穫高によって決まるときには、畑では毎日、静かに熱い競争が続いた。レイチェルはいつもトップだった。これは、農場の大きな誇りだった。レイチェルが二畝分の綿を収穫するあいだ、私は一畝がやっとだったが、農場を行き来するあいだ、同じペースで私が収穫できるように、レイチェルは時に手助けしてくれた。レイチェルとジャックの家の床の、わら布団の上で寝た夜は楽しかった。無邪気だった子どもの頃は、人種や性別による人間の区別に気づかなかった。

私の女性に対する根本的な態度は、隣町の、プレーンズにほぼ毎日出かけて、大人の世界の人種・性による複雑な関係を、はじめて知ったわずか六歳の頃から変わっていない。農場のピーナッツは夏休みにはすっかり熟し、父は、私が畑に出てワゴンに乗るだけの量のピーナッツを収穫し、庭に積み重ねる作業をさせてくれた。私は株から実の入った鞘を四キロ半ほど摘み取り、バケツで井戸水を汲んで、根の泥を洗い落とし、緑色の鞘を一晩塩水につけておいた。翌朝早くにピーナッツを茹でて、二〇個の紙袋に分け、プレーンズから鉄道線路沿いに三キロほど先までバスケットに入れて運び、一袋五セントで売った。

日曜日以外の平日は毎朝早くそこへ出かけて、バスケットが空になるまで食料品店、鍛冶屋、馬小屋、ガソリンスタンド、郵便局、倉庫などに出入りした。行商人など男たちは、私を家具の一部のように無視し、うわさ話や、下品な冗談や猥談を、私がまるでそこにいないかのように話していた。母親などすべての女性を敬うように教えられていた私は、町に住むどの主婦が夫を裏切っているか、どの女性がすぐ誘いにのるか、近くの大きな町のアルバニーの売春宿に何回行ったか、いくらかかったか、という話を聞いて驚いた。中でもとくに驚いたのは、日常生活では黒人女性との接触はまったくのタブーであったのに、多くの白人男性が黒人女性を好んだことである。ここで見聞きしたことは、両親には一度も話さなかった。

私は、自分たちの慣習や倫理的な基準に合うように聖書が解釈されている、ということに少しずつ気づきはじめた。マルコによる福音書十章七節から九節の教え「それゆえ、人は父母を離れてその妻と一体となる。二人はもはや別々ではなく、一体である。だから、神が結び合わせてくださったものを、人は離してはならない」を基に生きていれば、離婚などはあり得ない。しかし、未婚女性と生活している男性もいたし、他の男性の妻と生活している男性もいた。病院の看護師長だった私の名づけ親はある男性と結婚していたが、町医者の年上の男性と暮らしていた。その二人には、私と同じ名前の赤ん坊がいた。互いに近くに住む二人の農民は、全家族——妻と子どもたち——を交換し、婚姻届などの細かいことは気にせず、幸せに暮らしていたようだ。

私は、聖書の一般的な解釈の間違いにとらわれ、その影響は後々まで及んだ。また、私は、誰でも一度は身に覚えのあることだが、正当化が人間の特性であることを理解した。もちろん自分が確信していることを間違いだと認めたくなかったので、私は疑問が生じると、自分の正しさを証明するため、あらゆる資料から証拠を探した。私の信仰仲間にとって究極の出典源は、キリスト教徒の信仰の基盤を成す聖書であった。聖書のヘブライ語版、新約聖書、コーラン、それに古くからの解釈は、歴史、伝記などの教えと崇拝者の行動との複雑な組み合わせから成っている。多くの信心深い人々は、これらの書物を間違いのないもの、誤りの入る隙などあり得ないものと信じている。一つの聖なる書物にも矛盾する聖句がしばしば登場し、空から星が地に落ちるといった非科学的な描写があるにもかかわらず、である。しかし、どの聖典からも、全体的なメッセージやテーマは、はっきりと読み取ることができる。それらの書物はほぼ共通して、平和、正義、同情、寛容、貧者や困窮者への援助、などの道徳的・倫理的価値を評価している。

もしこのような道徳的価値に反することが、自分たちの社会的、経済的、政治的利益につながるなら、私たちはこの原則を忘れたり無視することもある。私はこのことを、連邦最高裁判所の「分離すれど平等」判決を支持したアメリカ社会の一員であった過去の三〇年近く、経験してきた。現実社会でのこの法の適用は「平等」よりも「隔離」を重視したことは、周知の事実であったが、一九六〇年代半ばに公民権に関する法律が制定されるまでは、人種隔離の法体系が優勢であった。

人種隔離に関する法律は、ジョージア州全域と他の南部諸州で認められており、その他の諸州でも程度の差こそあれ、認められていた。若い頃、私はそれに疑問を呈することなど考えたこともなかった。私の唯一の友だちや遊び仲間やその家族の黒人たちが、別の教会に行き、私たちよりも劣った学校に行き、投票はできず、陪審員になれなかったのに、それに対して異議が唱えられなかったことが、いまの私には信じがたい。黒人の友だちと一緒に郡庁所在地へ映画を観に行ったとき、電車では友だちと違う車両に乗り、映画館でも違う等級の席に座った。私は子ども時代を通じて、この悪習慣の共犯者であったようなものである。ときどき、名高い宗教指導者が、プレーンズのバプテスト教会へ説教にやってきた。彼らは、聖書から抜き出したいくつかの聖句に基づき、人種隔離がいかに神の意思であるかを説いた。そして、引用された聖句では強制的な隷属も許容されているのに、アメリカが奴隷制度廃止のあとどれほど進歩したか、誇りをもって説教さえした。はじめて人種隔離に気づいたときのぼんやりした記憶は、十四歳くらいの頃のものである。後に私は、そのことについて「草原の門」という詩を書いた。私は畑仕事から友だち二人と戻り、家の農場の敷地と牧草地のあいだの門に着いたとき、友だちは私を先に通すため道をあけて待っていた。最初、私は私を転ばせるためのワイヤーが隠されているのかと思った――私たちはしばしばお互いにいたずらを仕掛け合っていたからである。しかし、あとになって、私たちが大きくなったので、これからは同じ立場の人間同士として付き合ってはいけない、と親から言われたのではないかと推測するようになった。

宗教指導者、世俗の指導者は、聖典から引用した聖句に依拠して、神の目から見ても女性は夫や兄弟に劣るという信念に、真剣に疑問を呈さず否定もせず、その信念を正当化している。

もし神の目から見て女性が平等であるのなら、なぜ男性の目から見て私たちは平等でないのか。

マレーシア、イスラムの姉妹創立者　ザイナー・アンワール婚外関係をもった人に対して、世間はそれが男性か女性かでかなり異なる態度を示してきた。『クリスチャン・エシックス・トゥデイ』という雑誌の二〇一三年夏版に、カナダの若い女性による投稿記事が掲載されている。男女関係をもったことを牧師に打ち明けたところ、牧師は彼女を厳しく非難したというのだ。若い信者の集会で、牧師は、例えを用いて彼女に教訓を教え込もうとした。牧師は水の入ったグラスを参加者に廻し、そのグラスにつばを吐くように言った。その後、「これを飲みたい人はいますか」と参加者に聞いた。記事は、現在、彼女が結婚をして三人の子どもに恵まれ幸せな生活を送っていることを伝えている。この記事で、自分は「汚された物」でも、きちんとした夫にふさわしくない女でもない、聖書に出てくる結婚前に性交渉を経験した五人の女性たちのうち四人が、神の目には受け入れられ、汚名を着せられてはいない、ということを彼女は読者に確信させようとしている。

私は彼女の文章を幾分か不快な気持ちで読んだが、この話には真実味があり、かつ役に立つことも理解した。私の故郷はこれまでも、そしていまでもとても信心深いところである。全人口八百人未満の町に一一の教会があり、いまでも教会は私たちの社会生活の中心である。私が若かった頃、若い男性と女性が男女関係をもつのは、本人たちにも、そして家族にも、その二人が近いうちに結婚するという暗黙の了解がある場合のみであった。自らこの基準から外れようとする若い女性は二、三人しかいなかったが、セックスの機会が目の前にあればそれを利用するのは、若い男性にとって当たり前のことと考えられていた。ロザリンと私は深く愛し合っていたが、男女関係は結婚式が終わってから始めることに決めていた。それ以外の選択肢は、ロザリンの性格からはまったく考えられなかったが、私の方は、セックス経験がないことは自分の男性性の弱さの反映のように思い、自分にセックス経験がないことを、若い他の男性に知られないようにしていた。

少なくとも西洋社会においては、私の若い頃と現在では、社会の基準はかなり変わったことを、私は認識している。しかし、いまでも若い男性と若い女性では、適用される社会的基準はかなり異なっている。いまでも私は婚前交渉をしないのが若い二人のために一番よいと思っているが、したからといって非難や辱めを受けることは適切ではないし、男性と女性の行動を規定するルールに違いがあってはならない。

第2章

平和と女性の権利への献身

私は第二次世界大戦の後半と平和になってからの数年間、アメリカ海軍の士官だったが、そのときからすでに、政治的な事項に魅了されていた。国際連合の設立経緯はずっと追っていたし、船には国際連合憲章と規約の書類を保管していた。当時、世界中の国々の政治指導者と一般大衆のあいだに、すべてを破壊する戦争を終わらせ、避けられない争いに対しては、平和的に解決する方法をともに模索しようという合意があった。国連の安全保障理事会の常任理事国である主要国は、第二次世界大戦で勝利をおさめた五か国であり、戦争に負けたドイツ、日本、イタリアの平和の実現に尽力し、武力紛争を絶対に起こさせない強力な抑止力を確立する、という断固たる決意をもっていた。国連の目的は「安全保障、経済発展、社会発展、人権、自由、政治的自由、民主主義、そして世界平和のために協力する」ことである。また指導者たちは、ホロコーストに代表される民族・人種間の憎しみから起こった大量虐殺といった甚大な人権侵害を繰り返さないように共通行動を取ることが不可欠だと考えた。

平穏な時代だった当時、これらの指導者たちは、全世界の人々のための正義と平等の国際的な基盤となる永続的な連合体を設立するために、行動したのである。国連憲章は、全加盟国に「人種、性、言語または宗教による差別なく、すべての者のために人権及び基本的自由を尊重するように」求めている。次の段階ではより具体的な作業に入り、アメリカ代表団の一員であった元大統領夫人のエレノア・ルーズベルトの特別なリーダーシップのもと、明瞭で挑戦的な国連憲章への期待に応える三〇の簡潔な条項が作成された。

世界人権宣言は一九四八年に賛成四八、反対ゼロで採択された。八か国が棄権したが、その中には、国民（とくにユダヤ人）に国外への移動の権利を認めないソビエト圏の国ぐにと、白人優位のアパルトヘイト政策を施行し、黒人に白人と同等の権利を認めない南アフリカが含まれていた。結婚した夫婦である男性と女性に同等の権利を認めることに反対したサウジアラビア（同じく棄権）を除けば、女性に男性と同じ権利を認めることに異議を唱える国がなかったことは、すばらしいことであった。八つのイスラム教国が、国連憲章に「賛成」票を投じた。今日では、その当時と同じほどしっかりした誓約が作られることはないだろう。なぜなら、壊滅的な戦争の記憶は薄れ、五つの常任理事国はかつてほど強くもなく、関係もぎくしゃくしており、地域内でも個々の国家間でも以前より孤立状態にあるケースが多くなっているからである。

世界人権宣言を詳細に検討することは、全階層にわたる男女平等への世界的な動きを理解するために非常に役に立つ。文書はすべてインターネットで見ることができる。一つひとつの言葉が男性にも女性にも適用されるが、私は本書のテーマに直接関係するフレーズを抜き出して強調したい。いくつかのフレーズは、驚くほど、具体的で今日の状況にも適用できる。

前文　人類社会のすべての構成員の固有の尊厳と平等で譲ることのできない権利とを承認することは、世界における自由、正義及び平和の基礎であるので、……国際連合の諸国民は、国際連合憲章において、基本的人権、人間の尊厳及び価値並びに男女の同権についての信念を再確認し、かつ、いっそう大きな自由のうちで社会的進歩と生活水準の向上とを促進することを決意し……。

第1条　すべての人間は、生まれながらにして自由であり、かつ、尊厳と権利とについて平等である。

第２条　すべての人は、人種、肌の色、性、言語、宗教、政治上やその他の意見、出身国もしくは社会的出身、財産、門地その他の地位又はこれに類するいかなる事由による差別をも受けることなく、この宣言に掲げるすべての権利と自由とを享有することができる。

第４条　何人も奴隷にされ、又は苦役に服することはない。奴隷制度及び奴隷売買は、いかなる形においても禁止する。

第５条　何人も拷問又は残虐な、非人道的、若しくは屈辱的な取扱、若しくは刑罰を受けることはない。

第16条
　１　成年の男女は、人種、国籍又は宗教によるいかなる制限をも受けることなく、婚姻し、かつ、家庭をつくる権利を有する。成年の男女は、婚姻及びその解消に際し、平等の権利を有する。
　２　婚姻は、両当事者の自由かつ完全な合意によってのみ成立する。

第21条

3 人民の意思は、統治の権力の基礎である。この意思は、定期のかつ真正な選挙によって表明されなければならない。この選挙は、平等の普通選挙によるものでなければならず、秘密投票又はこれと同等の自由が保障される投票手続によって行われなければならない。

第23条

2 すべての人は、いかなる差別をも受けることなく、同等の勤労に対し、同等の報酬を受ける権利を有する。

第25条

2 母と子とは、特別の保護及び援助を受ける権利を有する。すべての児童は、嫡出であると否とを問わず、同じ社会的保護を受ける。

第26条

1 すべての人は、教育を受ける権利を有する。

3 親は、子に与える教育の種類を選択する優先的権利を有する。

これは世界の指導者による明確な努力の成果であり、永久の規範になることを目的としている。各国の立法府に採択されたこれらの厳粛な国際的合意が、現在あからさまに破られているのは情けないことである。これらの文書は時代遅れで単純過ぎると思う人たちもいる。しかし人権宣言の草案者たちも当時、驚くほど沈黙を守る世界的な宗教指導者の多くが、その忠実な信者たちも含め、女性と女児に男性と同等の権利を認めていないし、認めようという考えもないことを認識せざるを得ない状況であったことを看過してはならない。

女性に対する戦争と暴力は、社会的、文化的、宗教的に支持されているだけではなく、互いに補完しあっている。これらの支持があることによって、世界の三分の一の女性が暴力的に扱われているにもかかわらず、抗議や反乱を起こさずに耐え忍んでいる状況を、社会は許容している。女性に対する暴力を許す社会的な規範や態度に挑戦するとき、私たちは戦争を支持する状況に対抗することにもなる。

シカゴ神学校神学部教授、元学長　スーザン・ブルックス・シスルスウェイト博士この宣言が保障したすべての人の平等の権利が、いまだに実現されておらず、平和ではなく戦争と暴力への許容範囲が広がっていることは、悲劇である。国連安全保障理事会の、最後の手段として自己防衛のために武力行使に及ぶ国々の争いの主要な仲裁者、という概念は、その権限が常任理事国の五か国に集中してしまっている。しかも、その常任理事国は、自国の地域内に強力な同盟国や関心を有しており、最終決断に対して拒否権をもっている。

アメリカはどの国よりも武力闘争に関与しており、軍事同盟を通じて国際的、地域的紛争を解決するために戦争を手段として用いてきた。国際連合設立以後、アメリカはアフガニスタン、ボスニア、カンボジア、ドミニカ共和国、エルサルバドル、ギリシャ、グレナダ、ハイチ、イラク、朝鮮、コソボ、クウェート、ラオス、レバノン、リビア、ニカラグア、パナマ、セルビア、ソマリア、そしてベトナム、さらに最近ではパキスタン、ソマリア、イエメンなどの国への破壊的な攻撃など、軍事的に介入してきた。アメリカは、これらのいくつかの国には実際に地上軍を投入せず、高高度爆撃機や遠隔操作によるドローンを用いて介入した。このような場合、戦場で多くの命が失われ、戦いの終了後も戦闘地域住民が長く苦しむことを、私たちはあまり認識していない。

このような軍事行動は、私たちの国や、国益を守るために正当化されてきたかもしれないが、国民や議員に軍事行動に出ることを知らせることも同意も得ることもなく安易に行動に移すことによって、暴力に頼ることを外交政策における当然の手段にしてしまった。これは、大きな悲劇である。一般の人々が軍事行動という選択肢について熱心に議論しているときに、前面に立って戦争を支持する敬虔なキリスト教徒もいた。彼らにとっては、平和の君であるイエス・キリストの教えよりも「目には目を」の方が重要なのである。

アメリカが世界からその軍事介入を問われるとき、最近よく聞かれる回答は、「私たちは、力を見せつけなければならない。ゴールに達するため、必要とあらば軍事行動を取らなければならない」である。政治的必要性、平和的代替案、そしてこれらの軍事的冒険の究極的成功または失敗を議論しなければ、国際連合とその最も強力なメンバー国による、平和と人権のための尽力は無駄になる。これらの義務を無視することは、何の罪もなく、身を守るすべもない人々の苦しみを増すことにつながるのである。

アメリカ軍のイラクからの撤退は、私には喜ばしいことである。しかし、アメリカは二〇二四年まで八千から一万二〇〇〇人のNATO軍をアフガニスタンにこのまま駐留させることについて、交渉中である。交渉の障害は、NATO軍の兵士が万が一罪を犯しても、アフガニスタンの法律で起訴されないとNATO側が主張していることである。もしこのまま駐留し続けるのであれば、平和的な紛争解決に向けて努力している国連などの機関と協力して、平和維持の役割を果たさなければならない。

第3章

聖書と男女平等

多くの宗教指導者が女性を劣った制限された地位におとしめていることが、性的虐待をはびこらせる大きな要因の一つである。女性蔑視の傾向のある男性が、女性は神の目から見ても劣り、「異なった」存在と教えられ信じ込めば、男性としての優位な立場を利用しよう、と考えるだろう。信仰をもつ人々は、自分の宗教が性差別を認めているという前提を、捨て去ることが不可欠である。イスラム教の研究者は、コーランには性差別を正当化するようなことは書かれていない、と私に断言した。しかし、聖書には性差別に関してはどちらともとれる聖句があり、権力志向の強い男性指導者は、どの宗教においても自分たちに最も有利な解釈を利用する傾向がある。地球の人口は現在、約七〇億人に達しているが、二〇億人以上がキリスト教徒である。世界の主要な宗教では、人間関係の根本的な信条は共通であるため、私はキリスト教徒の視点からこの問題を、以下に少し詳しく検討してみようと思う。

私は公的な立場に立つ前もあとも、地元の教会、及び南部バプテスト連盟で積極的に活動していた。私は父同様、執事であり聖書の教師であり、キリストへの信仰を布教するため、そして救世主イエス・キリストの信者となることを人々に説くために、いくつかの州へボランティアで宣教師として出かけた。このときの経験は、私の人生の中でも最も満足のいくものであった。私が聖書を教えるようになったのは、十八歳のとき、アナポリスの海軍兵学校の生徒だったときである。農民として、知事として、そして大統領としても聖書を教え続けた。そして、現在でも年に三五回ほどであるが、日曜日に在宅のときは、プレーンズの教会で、この楽しい仕事を続けている。私の話を聞きに、たいてい二、三千人が、アメリカのほぼすべての州と一〇ないし二〇か国から教会を訪れる。約五分の一がバプテストである。残りは、ほぼプロテスタントとカトリックの信者であるが、ユダヤ教徒、イスラム教徒、仏教徒、ヒンズー教徒、それから自分の宗教をはっきりと公言しない人々もいる。私はいつも聖書クラスで使う文章を、新約聖書とヘブライ語文書から半分ずつ選び、それらを現在の状況や出来事に応用し、それについて全員の前で、参加者と議論する。ときには意見が食い違うこともあり、信者間の意見の食い違いの元となる異なる視点から、私は多くを学ぶことができる。

意見の食い違いのポイントは、イスラム教徒とキリスト教徒、カトリックとプロテスタント、バプテストと米国聖公会のあいだに生じるのではなく、たいがい同一の宗教や宗派の中で生じている。バプテストの分裂は、その一例である。神学論争はつねに行われて来たが、今日、最も激しい論争は、日常的なことについてである。初期のキリスト教教会では、信者たちは偶像に捧げられた肉を食べてもよいのか、キリストを救世主として受け入れる前に、割礼をしたユダヤ教徒にならなくてはいけないのか、十二使徒のうち、誰が最も権威をもって話したのか、そして、イエスは人間と神、両方になれたのかなどが話し合われていた。今日の議論は、同性愛者の位置づけ、避妊用具を用いること、どのような場合なら中絶してもよいか、そして、聖書の聖句に誤りの可能性はあるか、聖句は聖書が書かれた時代だけに適用されるのか、といったことである。最もよく議論され、かつ、意見が食い違うテーマは、神の目から見て、女性は男性と対等であるか、である。

二〇〇〇年の南部バプテスト連盟の年次定期集会でこのテーマが激しく議論されたあと、新たに選出された指導者と投票権をもつ代表団のほぼ全員は、聖書の解釈に関して、私の関心を引く、いくつかの決断をした。参加者の誠実さと意図の真面目さを、私は何ら疑っていないが、妻と私は、自分たちが信じていることが、連盟で採択され、指示された事項と矛盾しないのか、疑問に思うようになった。私たちにとって、受け入れることが最も困難だったのは、女性の地位とその現実への適用のされ方について、聖書からの聖句が強調されたことである。その中には、妻は夫に「服従する」ことを呼びかけるものが含まれていた。この文章を以下に引用しよう。

キリストに対する畏れをもって、互いに仕え合うべきです。妻たちよ、主に仕えるように、自分の夫に仕えなさい。キリストが教会の頭であり、キリスト自らがその体の救い主であるように、夫は妻の頭だからです。そして、教会がキリストに仕えるように、妻もすべての面で夫に仕えるべきです。夫たちよ、妻を愛しなさい。キリストが教会を愛し、教会のためにご自分をお与えになったように。キリストがそうなさったのは、言葉による水での洗いで教会を清めて聖なるものとし、しみやしわなどが何一つない、聖なる、汚れのない、栄光に輝く教会にするためでした。そのように夫も、自分の体を愛するように妻を愛さなくてはなりません。妻を愛する夫は、自分自身を愛しているのです。我が身を憎んだ者はいまだかつて一人もおらず、キリストが教会になさったように、我が身を養い、いたわります。なぜなら、私たちは、キリストの体の一部なのです。「それゆえ、人は父と母を離れてその妻と結ばれ、二人は一体となる」。この神秘は偉大であり、私は、キリストと教会について述べているのです。いずれにせよ、あなたがたは、それぞれ、妻を自分のように愛しなさい。そして、妻は夫を敬いなさい

（エフェソの信徒への手紙五章二十一－三十三節）。

最初の文章は結婚生活での男女間のバランスの取れた平等な関係を紹介していると私には思える。

しかし、男性至上主義者が、この中のいくつかの表現にかこつけて、いかに自分の意見を主張するか、私には理解できる。

私が子どもだった頃、最も尊敬されていたバプテスト信徒はロッティ・ムーンであった。彼女は初期の宣教師として中国へ渡り、貧しい人々に自分の食べ物を分け与え、自分自身は飢え死にした。現在でも、外国へ伝道目的で行くためのバプテスト連盟からの金銭的な支援は、彼女の名のもとになされている。あらゆる意味で、彼女は伝道の指導者であり、私が信仰に献身する根源であった。何人かのバプテストの女性牧師が地域連盟からその地域の牧師として呼ばれるようになって何年も経つ。しかし、より保守的な南部バプテスト連盟の指導者たちは、二〇〇〇年に南部バプテスト連盟の女性信徒は、執事、牧師、そして軍隊では従軍牧師に、さらには、もし教室に男子生徒がいたならば、連盟の神学校で教授となることさえも許されないという方針を打ち出した。この決定により、もう一つの古くからの原則――一つ一つの地域の教会は独立している――が破られたと私は感じた。そして、会議で投票するほぼすべての人は、メンバーとして誰が参加できるか、一般人として、牧師として誰が神に仕えることができるか、ということを決める権限をもっているのである。

ロザリンと私は、私が人生の最初の七〇年間忠実だったこの宗派を離れることを決めた。しかし、信仰面ではより穏健派であった地元のバプテスト教会連盟での活動は続けることにした。同じ理由から、多くのバプテストの信者たち、そしてバプテスト教会連盟自体が、私と同じ決断をした。バプテスト信者たちには、明らかにこの不和を解決する必要と希望があり、実際、進歩が見られた。

しかし、最もはっきりとした継続的な意見の食い違いは、女性が地域の連盟で指導者の立場に選出された場合、それを受け入れるか否か、ということであった。私たちのマラナタ・バプテスト教会では、男女両方の牧師がいるし、現在、選出された執事の半分（議長も含め）が女性である。

　この本の後半で、他の宗教では、この点に関して、どのように意見が食い違っているかを説明する。その前に、なぜ私の意見では、イエス・キリストが聖書時代の歴史を通じて、当時の社会において劣っていると考えられていた女性の、最も偉大な解放者だったのか、ということを説明しよう。当時、有力者や尊敬されていた男性の妻や未亡人でさえ、法的な権利はほとんどもっていなかった。聖書に親しんでいる人は、自分の利益を追求するため、妻のサラをエジプトのファラオのハーレムに渡し、その後、さらに異教徒のアビメレク王に、差し出そうとしたアブラハムの話をご存知だろう。どちらの場合にも、アブラハムは、サラは自分の妻ではなく妹だと偽った。男性は複数の女性を娶《めと》ることができるが（ソロモン王には三百人の妻と七百人の妾がいた）、女性が複数と性関係をもてば、石で打ち殺される刑罰があった。

　イエス・キリストと女性の関係に関しては動かしがたい事実がある。当時の慣習とはまったく異なるが、イエス・キリストは女性を男性と同等に扱った。新約聖書の四つの福音書は男性によって書かれたが、どれをとっても、性差別や、女性の男性への服従や、女性の劣性を意味する事項をイエス・キリストが容認した、という記述は出てこない。初期の宗教的系譜から脱して、マタイは四人の異教徒の女性（全員、婚外関係をもっていた）、タマル、ラハ、ルツ、バテシバをキリストの先祖に含めさえしている。イエスの母として、のちにマリアが崇められ信仰されたことは、キリスト教における女性の特別な地位を鮮明に表している。

ここで、キリストの実際の活動の例を挙げるときりがないが、二つ三つ具体例を挙げておこう。ユダヤ人男性は公共の場で女性と話すことを厳しく戒められていた。しかし、イエスは町中でサマリア人女性と会話をすることにまったく躊躇《ちゅうちょ》しなかった。そのサマリア人女性は、ユダヤ人のあいだでも、彼女の仲間からも、彼女の民族的出自と挑発的な行動からのけ者にされていたにもかかわらず、である。彼女はイエスを約束された救世主として受け入れ、彼のメッセージを自分の村までもち帰った。これがはじめて確認された宣教活動である。イエスはまた、過ちを犯した女性を許すことにより、不貞に関する男女間の二重基準をも否定した。キリスト教徒は、イエスによる、この古くからの、しかし現在でも浸透している言葉を覚えているだろう。

そこへ、律法学者たちやパリサイの人々が、姦通の現場で捕らえられた女を連れて来た。そしてその女を真ん中に立たせ、イエスにこう言った。「先生、この女は姦通をしている最中に捕まりました。こういう女は石で打ち殺せと、モーセは律法の中で命じていますが、先生はどうお考えになりますか」。こう言ったのは、イエスを試して訴える口実を得るためであった。しかし、イエスはかがみ込み、まるで何も聞こえなかったかのように指で地面に何か書いておられた。しかし、彼らがしつこく聞くので、イエスは身を起こして言われた。「あなたたちの中で罪のない者が、まず、この女に石を投げなさい」。そしてまた、身をかがめて地面に何かを書き続けられた。これを聞いた者は、罪悪感に苛まれ、高齢の者から順に一人また一人と、立ち去っていった。そしてついに、イエスひとりと、真ん中にいた女が残った。イエスは、立ち上がり、その女性以外誰もいないのを見て言われた。「女よ、あの人たちはどこにいるのか。誰もあなたを罰しなかったのか」。女が、「主よ、誰も」と答えると、イエスは言われた。「私もあなたを罰しない。行きなさい。そして、これからは、もう罪を犯さないように」。（ヨハネによる福音書八章三－十一節）

イエス・キリストの福音は、ありとあらゆる種類の支配を終わらせることを中心に据えている。一部のキリスト教徒が福音を、女性とその他の者の人権を侵害することに用いるのは、恥ずべきことである。既に権力を手中にしている男性たちの、理想化された伝統、不変の聖なる歴史、宗教に無知な者に対する権威主義的な姿勢に勢いを得た、彼らの人権無視的な行動は明らかにされるべきである。その行動とは、自分たちの権力の保持と更なる増強のためだけの方針である。イエス・キリストの説く倫理は、人の価値は根本的に平等であると宣言する。女性の従属を解き、従属させられているすべての者を解放することが、地上にも天国と同じ神の国を建設するために必要不可欠である。

プリンストン大学宗教学部学部長　アリソン・ボーデン博士

より重要なのは、女性がイエスの側近とともに旅をし、彼女たちの精神的で経済的な支援がイエスに受け入れられていた、ということかもしれない。イエスが最も親しくしていた女性は、マルタとラザロの姉妹であったマリアであった。イエスはベサニーでマリアのもとをしばしば訪れた。マリアはイエスが十字架にかけられ、のちに復活することを知っていた数少ない一人であった。彼女はイエスが亡くなる数日前に、イエスの足に香料を塗り、イエスはこう言った。「この人のするままにさせておきなさい。わたしの葬りの日のために、その香料を取っておいたのだから」（ヨハネによる福音書十二章七節）。イエスの忠実な信者の一人であるマグダラのマリアは、空っぽになったイエスの墓を訪れる名誉を得た。そのとき、イエスがマリアの前に現れ、恐れのために隠れ家に身を潜めている弟子たちに、救世主が墓からよみがえったと伝えるように、とマリアに指示した。

初期の教会へ聖パウロが送った手紙があるが、歴史的背景から見て、聖パウロは、イエスの前例から外れ、女性は二流階級のキリスト教徒として扱われるべきだ、ということを示しているように読める。私は、この問題の多い聖書の言葉が誤っているとか、神から啓示を受けてもたらされた言葉のあいだに矛盾があるなどと主張するつもりはない。ただ、問題のあった初期の教会連盟の状況を調べ、そして、混乱し、無秩序な状態にあった「兄弟、姉妹たち」に向かって投げかけられた指示を解釈する必要がある。聖パウロが、女性は、礼拝のときには髪を覆うべきであり、髪を編んではならず、質素な身なりをし、着飾らず、礼拝中は話してはならない、と言ったとき、永久に効力のある神学的な方針としてそのように指示したわけではない。弟子であるテモテへ宛てた手紙で、パウロは女性が男性に教えることを禁止しているが、テモテは母と祖母に教えを受けたのであり、そのことは私たちも知っているし、パウロも知っていた。また、パウロの親友であるプリシラがどれほど尊敬されていたのか、ということを理解するのも難しくなる。なぜなら、イエスこそ人々が長いあいだ待っていた救世主その人である、ということをより正確に表すことができるように、プリシラは当時最も偉大な説教者であったアポロスを教えていたからである。

イエスとパウロのあいだの明らかな不一致を解決するため、私はパウロの言葉をいくつか引用する。ガラテヤの信徒への手紙の中で、パウロはこう述べている。「しかし、信仰が現れた以上、もはや、私たちは養育係のもとにはいません。あなたがたは皆、キリスト・イエスにある信仰により、神の子なのです。……もはや、ユダヤ人もギリシャ人もなく、奴隷も自由な身分の者もなく、男も女もありません。あなたがたは皆、キリスト・イエスにおいて一つだからです」(ガラテヤの信徒への手紙三章二十五－二十八節)。ローマの信徒への手紙では、パウロは初期の教会における二八人のすぐれた指導者に感謝を表明した。その二八人のうち、少なくとも一〇人は女性であった。「ケンクレヤの教会の執事、私たちの姉妹フェベを紹介します。……キリスト・イエスにある私の協力者、プリスカとアキラ……あなたがたのために一方ならぬ苦労をしたマリア……私の同族で、一緒に投獄されたアンドロニコとユニアスによろしく。使徒たちのあいだでの二人の評判は高く、私より前にキリストを信じる者になりました。……フィロロゴとユリアに、ネレウスとその姉妹、またオリンパ、そして彼らと一緒にいる聖なる者たち皆によろしく」（ローマの信徒への手紙十六章）。パウロは、助祭、使徒、聖職者、聖者としてすばらしい成功をおさめている女性たちを勇気づけ、祝福していた。キリストの名のもとに他人に仕えるという神の呼びかけを受け入れることから、女性を排除する、という聖書からの証拠として男性至上主義者はパウロを引用するが、私にはまったく考えられないことである。神に仕えるという権利において、女性は男性と同等に扱われるべきである、というイエスの教えからパウロは外れたわけではない。熱心なキリスト教徒なら、この議論において、どちらの側の意見をも正当化する文書を見つけることができるだろう。問題は、キリストの熱心な信者である私たちは、彼の具体例を捨て、私たちと同じくらい熱心に神の呼びかけに応えている、多くのパートナーとなり得る女性を排除するか否か、ということにつきる。

男性優位を正当化する議論は、神による人間の創造について書かれた創世記のいくらか矛盾しているようにみえる二つの話に大きく依拠している。それは、創造の六日目であった。創世記一章二十六－二十七節に記されているように、「神は言われた。『我々のかたちに、我々に似せて、人を造ろう……』」「神は御自分のかたちに人を創造された。つまり、神のかたちに人を創造し、男と女に創造された」。それから、創世記二章で、神は最初に男を造り、そのあとで彼にはパートナーが必要であると考えた。「主なる神は人を深い眠りに落とし、人が眠り込むと、あばら骨の一つを抜き取り、その跡を肉でふさがれた。そして、人から抜き取ったあばら骨で一人の女を造り上げられた。主なる神はその女を人のところへ連れてこられた……このようなわけで、男は父母を離れて女と結ばれ、二人は一体となる」。この二つの文章は、どちらも男性と女性の価値の相互依存と平等を強調している。しかし、多くのキリスト教、ユダヤ教原理主義者たちは、二つ目の文章を彼らの男性優位の信念の基盤としている。なぜなら、男性の方が先に造られたからである。さらに、この信念は、イブが先に禁断の果物を蛇から受け取り、味わい、アダムに与えたので、イブが「最初の罪」の責任を担うべきである、という主張と一緒にされている。

　私としては、イエス・キリストが古い文書の意味を説明したあとの、初期のキリスト教会の方針について、もっと真剣に考慮に入れるべきであると考える。また、正義、慈悲、寛容、そして愛の結合の模範である神の真の本質について、私たちにもっと教えてほしいと思う。権威主義的な考え方については、聖パウロによるコリントの信徒への手紙十一章十一－十二節にはっきり明記されている。「いずれにせよ、主にあっては、男なしに女はなく、女なしに男はありません。それは女が男から出たように、男も女から生まれたからです。そして、すべてのものが神から出ているからです」

　このようなことで議論をする必要はない。なぜなら、三万一〇〇〇ほどの聖句がある今日のキリスト教の聖書から、どれほど注意深く聖句を選んだとしても、それが選択的、かつ、主観的になってしまうのは、人間の本質だからである。

女性はいま、すべての主要な職業や他の分野において、昇進できる地位に就くことを歓迎されている。それなのに、イエス・キリストの時代や、三世紀に及ぶ初期のキリスト教教会の時代に、女性がイエス・キリストに仕える権利をもっていたにもかかわらず、今日、女性にその権利が否定されていることは、皮肉なことである。女性を劣った者、資格に値しない者とするこの継続的な宗教的抑圧が、世界人権宣言に男女平等が宣言されているにもかかわらず、現実社会で世界的に女性が平等の地位を剝奪《はくだつ》されていることに、影響を及ぼしている。

キリスト教徒、及び他の宗教の信者で、最も純粋で尊敬すべき本質を表しているのは、助けを必要としている人のために自分の人生を捧げる人である。私たちが疾病の蔓延防止や撲滅のため、アフリカ中の孤立した村を訪れたとき、イスラム教のムッラ、キリスト教の司祭、あるいは他の宗教の指導者たちは、しばしば、その村で可能な最小限のケアしか提供できていなかった。医学的な訓練や近代的な処置能力とは無縁だが、これらの人たちは、エイズ、徐々に進行する盲目、体内にいたり、そこから出て来る寄生虫、子どもの突き出たお腹、発育不良、ふくれあがった腕や足、深い傷、骨折に対処している。宗教指導者は村人の最も信頼する人であり、混乱を招く神学上の議論に妨げられずに、仲間の信者をそれぞれ対等に扱い、彼らの信仰の対象が何であろうと、祝福を受けるべき者として処遇している。他人に仕える彼らの献身的な行為は、魂から生まれている。

私は大統領就任演説で、世界中の人々の人権を認める活動を支援することを約束した。のちに、私はイディ・アミン大統領によるウガンダの人々の投獄と虐殺を、人権侵害の恐ろしい例として挙げた。その報復として、この独裁者はウガンダ国内のすべてのアメリカ人にエンテベに集まるように指示し、死刑か追放を行うと脅した。私はこの事態の対処に悩んでいたが、彼がイスラム教徒で、メッカへの巡礼を誇りにしていたことを思い出し、サウジアラビアの王に助けを求める電話をした。そして、すぐにアメリカ人に何の危害も加えず、ウガンダからの出国を認める、とのアミンの声明を聞き、胸をなでおろした。そのときウガンダにいたのはほとんどがキリスト教の伝道者であったが、誰もこの申し出を受け入れず、自分たちの生命への恐怖が継続するにもかかわらず、このまま家族と指定場所にとどまる旨の通知を私によこした。

何世代にもわたって、宗教的な伝道者たちは、豊かな地域の信者と、飢餓、疾病、抑圧に苦しむ貧しい地域の信者とを結びつける役目を果たしてきた。そこには、恩恵を施す人のあいだにも、恩を受ける人のあいだにも、男女の区別はない。カトリック救援事業会、ヘイファー・インターナショナル、国際イスラム慈善協会など多くの宗教組織の貢献と影響力は、計り知れない。宗教的、非宗教的組織は、政府以上に困窮者を援助しており、熱心な奉仕と経済支援のどちらも行っている。これらの組織の人々は、地元で親密な人間関係を築き、剝奪と虐待による女性と子どもたちの苦しみを熟知している。しかし、組織の活動は性差別を維持させる法律や宗教的信条によって、妨害されることがある。私は地元プレーンズの小さな教会の予算委員会のメンバーだが、年度予算の一〇パーセントは、自動的にバプテストの海外布教活動に充てられている。また、アメリカ国内での善意の活動者に対して、毎年、別に財政支援を行っている。何千人という個人で布教活動をしている宣教師に加えて、アメリカ国内の宗教組織は、外国を対象に善意のプロジェクトに毎年八〇億ドルも寄付している。

私が大統領に立候補した年、地元の教会からジェロームとジョアン・エスリッジが、自ら外国に宣教師として赴任することを決意した。フランス語の短期集中講座を受けたあと、二人は西アフリカの小国トーゴに赴任した。ジェロームは、プレーンズ近隣の農場試験場の畑でずっと働いており、二人とも聖書の教師として人前で話したことはなかった。そのため、国の三分の一の地域に福音を広める仕事は、二人にとって、とてつもなく大きな課題であった。二人が赴任した地域は、川の北東にあり、長い雨期に入ると、まずその川を渡れなくなった。そこで、二人は人々に布教する代わりに、住民たちが最も困っていることを探り、それに対処することにした。

ジョアンは地元の言葉イフェ語を勉強して、すぐに女性たちに読み書きを教え始めた。同時に、彼女はイフェ語で新約聖書を書いていた聖書学者と一緒に活動した。村から村へ旅を続けるうち、二人は村人たちが清潔な飲料水を得ることができず、雨期に溜まった池の水を飲料水にしていることを知った。雨期が終わりしばらく経つと、池の水が徐々に干上がり、飲料に適さなくなり、その水を飲んだことが原因の疾病が蔓延し始めた。ノースカロライナ州のバプテストの人々が井戸掘り用の用具一式を寄付し、ジェロームは一つひとつの村に行っては、地元の人々の助けをかりて、帯水層に届くところまで地面にドリルで穴を掘り、ポンプを設置した。これは時間のかかる作業なので、ジョアンはジェロームより先に村に入り、夫の到着を待つあいだ、女性たちに基礎的な健康管理方法を教えた。二人は、自分たちはただ単にイエス・キリストの名のもとにこのような活動をしただけだと言う。また、二人は地元の人たちにキリスト教徒が増えると、そこに教会を組織する手伝いをした。ジェロームは私に、最も困難だったことの一つは、地元の男性に女性は対等であると認めさせ、礼拝で女性が無理に髪を覆う必要はないと説き、女性にも発言を促し、男女両方に、新しい信仰のあり方を教えることだった、と話してくれた。

何年かそこで働き、新鮮で清潔な飲料水を八〇以上の村にもたらしたあと、二人は荒々しい川に橋を掛けることにした。これまで使った井戸掘り用具一式は、近隣国ガーナの宣教師に送り、アメリカのバプテスト信者たちは、橋造りの補強用の棒とセメントを送ることに同意してくれた。二人ともこのような大きな物を造ったことがなかったが、ボランティアの助けを借りながらこのプロジェクトを開始した。ロザリンと私は、この地域を訪問する機会に、この場所を訪れた。ちょうど橋が完成したばかりであった。以前は孤立状態だった村人たちは、橋をよく利用し、おかげで、年中、国内のどこへでも行くことができるようになった。ジェロームとジョアンがトーゴで二三年間働き引退したときには、その地域のキリスト教徒は五千人に達し、八〇ある教会にはすべて地元の牧師がいた。イエスの前例にならい、男女はイエスのために、対等に行動したのである。

宗教指導者の地位における女性の役割については、激しい意見の対立があるが、女性と女児の不当な苦しみと剝奪を少しでも緩和するために必要な、正義、慈善、善意を最も多く保有しているのは、信仰ある人々である。この中には、法王、イマーム、司教、司祭、ムッラ、伝統的な指導者、そしてより高い権威からインスピレーションと理想を追い求める信者たちが含まれる。

自分が人にしてほしいことを、人にもする、という原則は世界の少なくとも一二の宗教で繰り返し呼びかけられている。「人」は、性別、人種、階級、性的指向、カーストを超える。「人」が誰であろうと何であろうと、その対象は威厳、思いやり、愛、そして尊敬の念をもって扱われるべきである。アフリカの共同体の精神では、ウブントゥの宗教的、倫理的な理想である「あなたがいるから私がいる、そして私たちがいるから、私がいる」という言葉にうまく表現されている。この言葉は、私たち人間が創造物として互いに密接に結びつき、支え合っている事実に基づいている。だからこそ、一人が痛みを受けたら、すべての人がその痛みを感じるのである。

教会と社会における女性担当プログラム幹事　フラタ・モヨ

第４章
満員の刑務所と合法的な殺人

知事として、偏見、差別、不正を暗黙のうちに受け入れれば、社会における暴力や暴行への性向を潜在的に強め、それは、自分自身を守ることができない女性やその他の人々が不当に苦しむ結果となることに、私は気づいた。この害は、権力者の昇進が、あるグループの人々を犠牲にして別のグループの人々を高める、という宗教的な信条と合わさると、さらに増大する。

私たちが知事公邸に移ったとき、公邸で働く使用人は全員黒人で、女性刑務所の信頼できる受刑者たちであり、彼女たちが法のもとで、不当に扱われていることを知った。コックの一人は、手紙を私に見せ、二五〇ドル貸してくれないか、と頼んできた。その手紙には、その金額を彼女の故郷の地方裁判所に支払えば釈放される、と書かれていた。彼女のケースを調べてみた。彼女の夫は暴力をふるう大酒飲みで、正看護師の彼女の給料日にだけ家に戻ってきた。夫は彼女に暴力をふるい、ほぼ全額を奪っていた。ある日、彼女は彼の暴力に抵抗し、肉切り包丁で刺し殺した。それで、彼女は罰金の七五〇ドルを払うまで、刑務所に入れられた。獄中にいる四年のあいだ、受刑者の彼女は五〇〇ドルしか稼ぐことができなかった。この件について、私は州の検事総長に仲裁を頼み、二、三日後に彼女は釈放された。

ジョージア州の沖合に位置するカンバーランド島で、私とロザリンが休暇を過ごしていたとき、一人の女性に出会った。彼女の母親は、軽い罪を犯した息子の保釈金として二二五ドルを借りた。母親は文盲で、約束手形らしき書類に、自分の五エーカーの土地を担保として、署名の代わりに自分の印を記した。借金を返しに行くと、彼女は所有権譲渡書にサインしたので、彼女の土地は既に売られてしまった、と聞かされた。私はカムデン郡の裁判所に行き、その女性の話が事実であることを確認した。しかし、未解決の訴訟事件があり、知事の仲裁は不適切であった。ジョージア州の最高裁判所は、のちに、この女性の訴えを退ける判決を出し、彼女は財産を失った。

ジョージア州のランプキンという小さな町へ友だちを訪ねたメアリー・フィッツパトリックという若い女性の例もある。銃によるけんかがあり、男性一人が殺された。そして、そのとき、ランプキンへの唯一の訪問者のメアリーが殺人罪で起訴され、刑務所に入れられた。彼女は裁判所が任命した弁護士に、裁判所ではじめて会った。弁護士は、有罪を認めれば軽い刑ですむ、との見込みを示した。しかし、メアリーは軽い刑どころか、無期懲役を言い渡された。私たちが知事公邸に住んだ四年のあいだ、メアリーの仕事ぶりはすばらしいものだった。そして、新大統領に任命された私は、メアリーの保護観察官としての役目を引き受ける許可を得て、ホワイトハウスに彼女も連れて行った。その間、ランプキンの予審法廷の判事は、ジョージア州裁判所のメンバーになっていて、彼はこの事件の証拠を再度検討することに合意してくれた。メアリーは無罪が証明され、赦免された。

私は州の刑務所を訪れるようになり、貧窮者、黒人、精神障害者に対するひどい差別があることを知った。独房に何年も閉じ込められている人もいた。私は専門の犯罪学者のエリス・マクドゥガルをジョージア州刑務所の所長に任命し、政策の大転換を図った。マクドゥガル所長とともに、私は受刑者数を減らす方策を探った。私たちは、受刑者がより生産的な人生を送るための準備として、刑務所の中でどのような訓練と教育を受けるべきかを確定するため、綿密な体力的・精神的テストを行い、これらの人々の過去の経験と潜在能力について調べあげた。収監期間の終わりが近づくと、早期釈放、施設外通勤制度を利用し、ライオンズ、キワニース、ロータリーなどのクラブから保護観察の役を引き受ける人を多く募った。この仕事のボランティアとなってくれた人々は、一、二日アトランタで私と刑務所所長と過ごしたあと、短期集中のトレーニングコースを受講した。一人のボランティアが一人の保護観察下の受刑者または仮出所者を、責任をもって見守ることとし、釈放前に受刑者の家族を訪れ、責任をもって引き受けた受刑者・仮出所者に正規の仕事を見つけるか与えることを約束した。ボランティアたちは、もちろん、プロの保護観察官と密接に連絡を取りながら、役割を遂行した。

同じような努力は他の州でも行われており、州知事の定期集会では自分たちの経験を共有し、州刑務所の収監者数をどの州が一番減らすことができたかを競った。一九九五年に開催されたジョージア州前知事の集まりで、ロザリンは最近まで州知事だった人物に、知事として最も業績をあげた事項について尋ねた。彼は誇らしげに、「州都から私の故郷までつながるほど、刑務所の受刑者の収監される部屋を十二分に作ったことです」と述べた。州や地域の刑務所の建設は、とくに目立った産業がない地方では、大きな経済的資産となっている。

犯罪に関する法律を作り管理する社会のリーダーと刑務所に入る人々のあいだには、避けることのできない溝がある。しかし、その溝が不必要なほど深い場合もしばしば見受けられる。この格差が広がると、少数民族、女性、知的障害者、そして助けの得られない弱者に多大な影響を及ぼす差別と暴力に対抗する力を弱める。恵まれた立場にある私たちは、他の人の犠牲のもとに意図的に自分たちの地位を維持しているわけではないが、この問題に正面から立ち向い、関わりたいとはまず思わない。私たちが享受している特権を受け入れ、正当化すれば、平和と人権への尊い献身を捨てることになる。刑務所の制度は、その一例である。

一九七〇年代には、一千人に一人のアメリカ人が刑務所に収容されていた。しかし、国の焦点は、更生ではなく刑罰へと、ますます移行している。過去三〇年間の薬物使用や他の非暴力的な罪で投獄された人の投獄期間は長期化し、罪をつぐなった受刑者が、市民としての人権を復権し、職業訓練を受けて更生するのは難しくなりつつある。私が大統領だった当時に比べ、連邦、州、地方の刑務所に収容されている受刑者は五倍を上回り、そして黒人女性の受刑者数は八〇〇パーセント！も増加しているのである。この受刑者の増加の副次的な影響は、教育や他の社会的便益のあるプログラムを犠牲にして、納税者に多大な財政負担を強いることである。死刑となる犯罪者の訴訟費用は、天文学的な額になる。一九七三年以降、カリフォルニア州だけで、死刑裁判に約四〇億ドルを使っているが、死刑となったのは一三ケースのみで、一人の受刑者を死刑にするのに約三億七〇〇万ドル使った計算になる。

凶悪犯罪の数自体は増加していないが、アメリカでは二〇一〇年末の数字で一〇〇〇人の成人につき七・四三人が刑務所に収監されており、受刑率は世界で一番高い。アメリカの人口は世界の人口の四・五パーセントであるが、世界の受刑者人口の二二パーセントを占めている。受刑者たちの多くは——終身刑に服している者も多いが——凶悪犯罪を犯したわけではなく、薬物犯罪による有罪判決を受けた人々である。米国自由人権協会が二〇一三年十一月に発表したレポートによると、連邦、州刑務所に仮釈放なしの終身刑で凶悪犯罪以外の罪で三二七八人が収監されている。驚くことではないが、その六五・四パーセントが黒人である。大統領であった一九七九年に、私は薬物使用に関する重要な演説を行った。それは、麻薬を合法化はせずに非犯罪化することであり、麻薬などの薬物の運搬に関わっていない麻薬使用者を投獄するのではなく、更生に力を入れるという内容であった。当時、この提案は歓迎されたが、私が大統領の任期を終えたあとでは、更生ではなく刑罰の方が主流になっていった。

投獄者数が多すぎるにもかかわらず、アメリカ大統領による恩赦数は減少の一途をたどっている。私は四年の任期のあいだ、五三四の恩赦を発令したが、八年の任期があったロナルド・レーガンは三九三、ビル・クリントンは三九六、ジョージ・ブッシュは一八九の恩赦を発令している。バラク・オバマは最初の任期でわずかに二三の発令しか出していない。

「バスに乗った修道女たち」のメンバーとして、私は一般の人々の苦悩を聞きました。生命尊重（出産尊重だけでなく）の社会になるには、すべての人々の基本的ニーズが満たされた世界を作らなければならないことを学びました。これが正義です。経済システムの割れ目からこぼれ落ちてしまう人のために、政府の責任として、生活できる賃金とセーフティー・ネットが法的に保障されなければなりません。アメリカにおいては、連邦と州の政策立案者は政治的な行き詰まりを終わらせ、すべての人々が、食物、住まい、教育、医療、そして生活できる賃金が得られる法律を制定すること。これが、生命尊重のプログラムです。

バスに乗った修道女たち　シスター　シモーネ・キャンベル

二〇一三年十月、女性に対する暴力の国連特別報告者のラシダ・マンジョは、男性より女性の受刑者数が世界的に増えていること、そして女性の刑務所での収容状況が男性より劣悪な状況にあることを報告した。ラシダは、女性はしばしば権力を乱用する男性に強制され、罪を犯さざるをえない状況にあること、とくに非合法の麻薬密売などの犯罪に関わる企てでその傾向が強いことを説明した。婚外関係を結ぶなどの「道徳的な犯罪」でも、女性受刑者は増えるが、男性には影響を与えない。また、女性は男性よりも厳しい証拠に関するルールに直面するため、レイプの犠牲者であっても、処罰を受ける結果となることさえある。さらに、女性は性的暴行にあう危険が高いため、男性よりも刑務所での生活は厳しく管理されている。マンジョはまた、母親と一緒に刑務所で生活している子どもたちの問題、母親が子どもの主要な保護者である場合に、家に残った子どもたちに与える悪影響についても言及した。

国連特別報告者であるマンジョは、「今日の反薬物乱用政策は、世界中で女性の受刑率を増加させる一因となっている。……資源に限りがあり、女性が社会において脅威になることはほとんどないという状況を踏まえれば、各国は女性を投獄すること以外の代替案を考えることが必須である」と述べた。

アメリカなどの国での、犯罪に対するもう一つの重要かつ極端な対応は、死刑である。カーターセンターは、死刑には断固反対の立場である。私は頻繁に、国民を死刑にする権限をもつ国の指導者へ手紙を送っている。ロザリンと私は、死刑を終身刑に減刑する権限をもつアメリカ各州の知事などの仲裁に入ることもある。

一九七二年に私が知事であったとき、連邦最高裁判所のフルマン対ジョージアの裁判で、裁判官はアメリカ中の死刑を事実上一時中断した。死刑執行の明確かつ一貫した法的根拠がなかったためである。議論の焦点は、死刑はアメリカ合衆国憲法が禁止する「残虐で特異な刑罰」に該当し違憲か否か、ということであった。全州が新基準を遵守し、連邦最高裁判所はグレッグ対ジョージアなどの類似する裁判の結果、一九七六年に死刑復活を認めた。私が知事、大統領であった期間、州レベルの死刑はアメリカ中で三件しか執行されなかった。一件は一九七七年、残り二件は一九七九年であった。しかし、一九八〇年から現在まで一三五九件の死刑が執行されている。一方連邦レベルの死刑は一九七六年からたった三件しか執行されていないことは、興味深い。

アメリカ合衆国は北大西洋条約機構（NATO）加盟国または北アメリカで、国民を死刑にできる唯一の国である。ベラルーシとスリナムがヨーロッパと南アメリカでの例外である。欧州連合基本権憲章では加盟国での死刑を明確に禁止している。非常に保守的な連邦最高裁判所でも、他の西洋民主国の決定や変化しつつあるアメリカの世論の影響を示す喜ぶべき兆候が見られる。二〇〇二年に連邦最高裁判所は、「精神障害」者は死刑にしないとの判決を下した。二〇〇五年には、十八歳未満の犯罪者に死刑は執行されないこととなった。そして二〇〇八年には、死が伴なっていない場合は、レイプにも死刑は執行されないこととなった。しかし、「精神障害」の定義は各州の裁量に任されており、ジョージア州とフロリダ州などの州では、法的な基準を満たすことがほぼ不可能であるため、重い障害者は死刑にされている。

この野蛮で取り返しのつかない刑罰の廃止には、十分すぎるほどの倫理的、財政的、宗教的理由があることは、はっきりしている。単純に死刑を全廃したいと思うかと聞かれれば、大部分のアメリカ人は死刑賛成の立場をとるが、信頼できる最近の調査では、選択肢があれば、殺人に対してはわずかに三三パーセントのアメリカ人が死刑を選択し、六一パーセントが死刑以外を選択するという結果が出ている。最も多かったのは、仮釈放なしの終身刑、それに加えて被害者家族への賠償であった。警察署長のわずか一パーセントが、死刑を増やせば、凶悪犯罪が減ると答えている。このような世論の変化が、徐々に州議会や連邦裁判所での死刑に制限を加えつつある。

死刑賛成者がしばしば用いる論法に、死刑は殺人などの凶悪犯罪の抑止力になっている、というものがある。しかし、証拠はその逆を示している。カナダで一番最近の死刑は一九六二年に執行されたが、二〇一一年の殺人件数はカナダでは五九八件、アメリカ合衆国では一万四六一〇件であった。実際、死刑のない西洋諸国のどの国よりもアメリカの殺人率は三倍近く高い。死刑の八〇パーセント以上を執行しているアメリカ南部諸州の殺人率は他の地域よりも高い。死刑執行数はテキサスが一番高い。その近隣諸州をみると、死刑相当の犯罪はノースダコタ州、マサチューセッツ州、ウエストバージニア州（死刑なし）よりも、サウスダコタ州、コネティカット州、バージニア州（死刑あり）の方が多い。死刑が死刑相当の犯罪を減少させるとか、死刑が廃止されると死刑相当の犯罪が増加する、という証拠はこれまでに一つもない。実のところ、イースタン・ケンタッキー大学のゲーリー・ポッター教授の研究によれば、死刑執行前、執行中、そして執行後に殺人率の上昇が観察されている。つまり、州が人を殺すとより多くの人が凶悪な暴力の犠牲者になることを示している。以下が一九九九年の三月にポッター教授がケンタッキー州議会の保健福祉委員会において証言した内容の抜粋である。

死刑に関する研究は、一貫して死刑執行前後の時期に殺人が実際に増加することを示してきた。社会科学者はこの現象を「残虐化効果」と言っている。死刑は以下の三つの方法により殺人に影響を与える、（1）死刑により国民は殺人の非道徳性に無神経になり、一部の人の殺人への動機を高める、（2）死刑を執行した国は、過去の過ちへの報復は容認される、という考えを正当化する、そして（3）死刑は模倣効果があり、人々は国によって提示された例に追随してしまう。その結果、政府が敵を殺しているなら、自分たちも同じことをしていいと感じてしまうのである。

社会的な暴力が少しでも増えれば、女性への暴力も増えると考えるのは、論理的に正しい。国が残虐で死を容認する行動をとれば、暴力は容認されるというメッセージを人々に送ることになる。

そして悲劇的なあやまちは広く蔓延している。私が知事を辞めてから、DNA検査などにより、一四三の判決が覆された。敬虔なキリスト教徒は、イエス・キリスト、そして聖典や数多くの慈悲の事例に反して、死刑を最も熱心に支持する場合がある。私たちは、アベルを殺害したカインを、そして自分の愛人バテシバの夫ユリアの殺害を計画した姦通者ダビデ王を許した神の寛容を覚えている。イエスは、姦通の罪で、石で打ち殺される刑罰を受けることになっていた女性を許し、「目には目を」という言葉を退けた。プロテスタントとカトリックの信者のあいだには大きな違いがある。プロテスタントの指導者は、極刑を求める立場の最前線にいるが、カトリックの公式見解は、死刑を非難している。

死刑反対の最強の論点は、それが貧窮者、少数者、精神障害者に極端に偏って執行されていることであろう。殺人の犠牲者が黒人である可能性は、白人の六倍以上であるのに、死刑の七七パーセントは白人が犠牲者となったケースである。金持ちの白人が、高給取りの弁護士に弁護されながら死刑執行室に行くとは、想像しがたい。これは、白人アメリカ人の命により高い価値があることを示している。更生の機会よりも刑罰が普及していることは、社会が暴力に訴えることを容認している証《あかし》であり、このことは、意図していなくても、自分自身を守る力が弱い人への暴力を蔓延させることにつながる。

一四三か国が法律上も実際上も死刑を廃止しており、国連総会は二〇〇七年、二〇〇八年、そして二〇一〇年にも、将来的に死刑廃止を視野に入れつつ、死刑の一時的停止を呼びかける決議を採択した。私たちの国は、死刑に魅せられていて、そこでは孤立しがちであった。世界中の死刑の九〇パーセントは中国、イラン、サウジアラビア、そしてアメリカ合衆国で執行されているのである。

社会における暴力に終止符を打つことを意図するならば、当然、殺害は解決策ではない。
インド　アムネスティーインターナショナル　主任研究員　ディヴィア・アイヤー

ご存知のように、若者たちは何時間もの刺激的な戦闘や犯罪行為にプレーヤーとして参加できる、とてもリアルなビデオゲームによって、「日常化」された暴力にさらされている。それに加えて、映画、テレビ、雑誌、そして音楽ビデオは女性をさげすむ表現であふれている。このようなゲームやメディアは、女性への暴力や女性をおとしめることに対して感覚を麻痺させてしまう。そして、それを平気で自らの生活に取り込むことができるようにしてしまう。

世界は暴力への不安を強めているが、マハトマ・ガンジー、マザー・テレサ、マルティン・ルーサー・キング、そしてネルソン・マンデラのような私たちの特筆すべきヒーローが、現在でも平和の推進者として多くの人々の心に存在していることは、心強いことである。

第5章
性的暴行とレイプ

私は弁護士ではないが、議員、知事、そして大統領として、考え得るほぼすべての分野で、法律の草案作り、通過、施行に関わってきた。知事のあいだは法律の施行に最も近い立場におり、いつも州のパトロール・カーの助手席に座って無線係の役を担っていた。スピード違反車の追跡という運転手のリクエストや、私たちが目撃した怪事件の事情聴取を許可したことも、何回かある。

私とロザリンが知事公邸に住んでいたとき、秋学期が始まってしばらくのあいだ、州外から来た若い学生を、住む寮が見つかるまで知事公邸に住まわせていたことがあった。何日かクラスに出席したあと、ある晩、彼女は帰宅後、私たちを起こし泣きながら、レイプされたと言った。私たちはすぐに医者を呼んだ。医者は彼女の腕、そして生殖器の周辺にいくつかのひどいあざがあるのを見つけ、彼女が眠れるように鎮静剤を処方した。翌朝、私は彼女に、レイプした人を知っているかと尋ねたところ、犯人はクラスメイトでデートの約束をした相手だという。私の勧めにより、彼女はこの犯罪を報告することに同意した。私はオフィスに到着してすぐ州検事に電話して事件を報告し、法的措置を講ずるよう頼んだ。

その日の午後、この措置を講ずるにあたり、問題に直面していると、州検事は私に話した。彼から、地元の担当者はこの件に関して、法的行為を進めたがっていない、と聞いて、私は激しい怒りを覚えた。私は担当者に私のところへ来るように指示した。担当者は申し訳なさそうに、大学キャンパスではこのような事件はめずらしいことではなく、レイプした本人はつねにセックスは同意の上で行われたと主張すること、そして、白人男性の学生に対する訴訟は、勝つ可能性が非常に低いという。加えて、被害者の若い女性は大勢の前で証言させられ、デートした夜のことや過去の性的経験についてこと細かく反対尋問を受ける、とのことであった。担当者は、アトランタ周辺の二四の大学でこのような事件があった場合には、訴訟ではなく両者に対するカウンセリングを行うのが一般的な方針であると付け加えた。私は、彼女の許可を得て、この件について彼女の両親と話し合い、両親は彼女を転校させることに決めた。

私は過去三二年間、エモリー大学で特別教授の任についており、教育や講義の他に、学長、学部長、他の教授たちと、カーターセンターとエモリー大学の相互の関心事を定期的に話し合う機会を設けている。私は学長に、知事公邸に宿泊していた女子学生のことを話し、多くの大学でレイプの犠牲者と加害者にカウンセリングを受けさせることに依存し、重大な不当行為と認められる場合や、その行為が繰り返されていることを明白に証明できる証拠がある場合にのみ、男子学生を処罰するか、退学させることができる、という現状の方針を厳しく非難した。エモリー大学学長は、性的暴行を受けた者は、自分が大きな困難に直面することがわかっているため、法的措置まで及ぶことはまれである、ということに危惧を表明した。そして、この問題に対処するためにエモリー大学は性的暴行に関して、いままでとは違う新しい方針を策定した、と説明してくれた。

エモリー大学の事務担当者、教授、学生のリーダーは、レイプの加害者への処罰や、警告を広く喧伝《けんでん》すること、性的暴行に対処する学生のリーダーを一千人養成すること、被害者及びそのとき周辺にいた人が暴行をすぐに報告するよう促すこと、犠牲者への専門家によるカウンセリングを一対一で行うこと、そしてレイプの加害者に対してどのような法的措置を講じるかを決断する手助けを行うこと、などの性的暴行に関する活動計画を練った。犯罪科学のコンサルタントのデビット・リサック博士のような専門家の助けを借りて、エモリー大学や他の大学は、効力のある司法行政への学生の信頼を得るにはどうすべきかを学んでいる。リサック博士の研究は、「対人暴力の要因と結果――レイプ加害者と殺人者の動機と行動」に焦点を当てている。アメリカの大学では五人に一人の女子学生が性的な暴力を受けた経験があると推定されているが、人々はこうした犯罪の多くが数人の男性によって事前に計画され、実行されていることを知らない。被害者は犯罪を報告したがらない傾向があり、未解決のままになっている。多くの場合、被害者は暴行を受ける前から加害者を知っているにもかかわらず、である。被害者が報告したがらない理由は、大学内でこの問題に関するサポート体制や手続きがはっきりしないことである。そして多くの大学の事務担当者は、キャンパスでの性的暴行数が増加することで大学の評判が傷つくことを恐れ、この問題に積極的に取り組もうとしない。性的暴行について報告したがらないもう一つのグループは、この件を目撃または噂に聞いていて、加害者を知っている男性たちである。彼らは、この問題の深刻さを認識し、大学の学則を学び、犯罪者ではなく被害者をサポートするようになるべきである。

米国司法省の報告によると、性的暴行を受けた学生の九五パーセントが事件について報告をしていない。これは、一般人の場合よりも、かなり高い数字である。ニューヨーク州立大学ニューパルツ校による報告書の分析結果では、一一年間の研究期間のあいだに約八千人の学生がいるキャンパスで、およそ一七〇〇人の女子大学生がレイプや性的暴力を受ける、と推定されている。しかし、法的措置を講ずる担当部署に報告したのはたった六人で、そのうち三ケースが大学内の審理にまで達し、男子学生一人が退学処分になっただけである。

悲しいことに、多くの大学内のレイプは、自分たちの犯罪が公にされないため、連続犯によって実行されている。『暴力と被害者』という学術誌に二〇〇二年に掲載されたニューイングランドでの研究によると、一八八二人の学生の中に一二〇人のレイプ犯がいることが判明した。このうち七六人は連続犯であり、平均して一人の加害者が一四人の犠牲者に大けがを負わせていた。彼らの暴行の合計は、レイプが四三九件、性的暴行が四九件、子どもへの暴力や性的虐待が三四三件、親密なパートナーに対する暴力が二一四件に達する。このほとんどが、事前に計画され綿密に練られていた。このような人物をどの大学が学生として留めておきたいだろうか。回答の一つは、『ホプキンス大学生研究ジャーナル』という学術誌の二〇一二年三月号から得られる。この報告によると、大学内で発生する性的暴力のうち三件に一件が、人気者で周囲の生徒に影響力をもつスポーツ選手によって行われているのである。

このように犯罪に対して大学側の厳しい措置を取る意志が弱いにもかかわらず、予想外のところから、大学に対して法的な圧力が増しつつある。一九七二年から教育改正法第九編が施行されていて、大学スポーツでの女性差別禁止を目的とした法律として有名である。二〇〇一年、教育省は、この法律はセクハラにも応用できると解釈し、現在、大学は第九編を担当するコーディネーターを置く義務がある。そして、事件が起こった場合には「早急に適切な手段で調査するか、または何が起こったのかを見極め、どのようなハラスメントであっても即時停止させ、敵対的な環境が形成されていればそれを排除し、再びハラスメントを生じさせないための効果的な対策をとる」ことが求められている。第九編を遵守しなければ連邦政府からの補助金が停止される恐れがあるため、大学側が第九編を遵守する動機は極めて強く、私は明確かつ断固とした方針を各大学が確立するために、教育省があらゆるレベルの大学に対して最大限のプレッシャーをかけることを希望している。大統領レベルできちんとリーダーシップを発揮すれば、大学はより適切に対応できるだろう。レイプ被害の報告が出されたとき、被害者にカウンセリングや当面の休学を勧めて事を収めようとしたり、法的手段に訴えても自分が傷つくだけで、加害者が処罰されることは稀だと、遠まわしにネガティブな意志を示す学部長などもいなくなるだろう。

エモリー大学は、女子大生に対する性的暴力に対処するため、バランスの取れた効果的な方針の策定を急いでおり、学生たちもこれを支持している。初期の進捗状況のレポートへの以下のような学生のコメントが学生新聞に掲載された。

エモリー大学は、再犯の怖れのある連続犯の犯行を食い止めるための制裁を成立させることができなかった。現在の性的不祥事への対策には、再犯への制裁措置は記載されていない。より厳しい対策の策定は、大学の性的不祥事対策にただ一行追加するだけのことではない。それによって、性的暴力が耐え難い性質のもの、との認識が浸透し、私たちのキャンパス内で生じる性的暴力の件数を減らすことができるだろう。究極的で最も重要なことであるが、犠牲者が前面に出て自分に性的暴力をふるった人物に対して行動を起こすことを可能にする環境を整えることができるだろう。同時に、そもそもこうした犯罪を起こさせない抑止力をもたせることができるだろう。

信仰をもつすべての人が、憤慨するときが来た。私たちキリスト教徒の指導者は立ち上がり、神のイメージをもとに造られた女性は、現在よりもよい扱いを受けるに値する存在だと発言するときが来た。そして信仰のコミュニティにいる私たちは、あまりにも沈黙を守る文化にいることにより、この件について共犯の立場にいることを、さらには権力と支配の神学を広めることに寄与していることを認めるときが来た。女性は解決策を導き出す中心的な役割を果たすことが徐々に理解されている。新世代の若い指導者たちは、性別にかかわらず、すべての人々にとって明るい未来を確実にすることを決意している。

『ソジャーナー』誌の創設者、著者、編集者　ジム・ワリス

私がジョージア工科大学の海軍予備役将校訓練課程に在籍し、アナポリスで海軍兵学校の士官候補生で、戦艦や潜水艦の任務についていたとき、軍隊における女性の役割はアメリカ国内での勤務に限られており、かつ、医療、通信、情報、科学技術、そして店主の分野に限られていると理解されていた。あらゆる実務的な観点から、二〇一三年一月に国防長官が女性の戦闘行為禁止の撤廃を宣言したことで、女性は男性と同等の地位を与えられた。最新情報によると、女性は米軍の一四パーセントを占め、一六万五〇〇〇人の女性兵士がおり、三万五〇〇〇人の女性が将校である。

自分が大統領の時代に、海軍兵学校に女性を士官候補生として男性と同等の地位で入校させる決定がなされたことを、私はうれしく思った。ロザリンと私は、海軍兵学校の同期会に出席すると幾晩かを責任者と過ごすが、そこで、全学生の二二パーセントを占めるに至った女性士官候補生を巨大なバンクロフト・ホール（学生寮）、公的な活動、授業、そして船上生活に受け入れるのに、どれほどの進歩が見られたか、という話を注意深く聴いた。

しかし、私は、自分の母校が性的暴力に関して他の大学と同様の基本的な方針しかもたないことも知ることになった。一人の女性士官候補生が二〇一二年の四月に大学外の家で行われたパーティで三人のアメリカンフットボール選手にレイプされ、それを訴えたことから、加害者に甘いこの方針に疑問が呈されている最中である。その女性士官候補生は、パーティで酔っ払い、意識を失ってしまった。その後自分の身に何が起こったのか、ほとんど記憶がなかったが、友だちからの情報とSNSによって、自分の身に起こったことを知った。彼女は、この件を報告すべきではないという強い圧力を感じたと話した。そして報告後、彼女は報復を恐れて事件の解明への協力を拒んだ。のちに彼女の弁護士は、「彼女はフットボール選手や海軍兵学校の生徒たちから仲間はずれにされ、反感をもたれた」と述べた。加害者はフットボールを続け、彼女だけが未成年による飲酒で起訴されたのである。そして、海軍犯罪捜査局はこの件の調査を停止した。

この女性士官候補生は法的な救済措置を求め、海軍は調査を再開した。兵学校の責任者に提出する報告書を作成するために、公聴会が二〇一三年八月に開かれた。報告を受けた責任者は、軍事法廷の捜査当局と検察にこの件を任せるか否かを決定することになっていた。私が公聴会の行われている土曜日の朝に、この原稿を書いているとき、この二十一歳の女性士官候補生はこの三日間で合計二〇時間以上もの反対尋問を受け、被疑者の弁護士による次から次に浴びせられる敵意のこもった質問に耐えながら、週末に休みを要請したというニュースが流れた。公聴会の担当責任者はこの要請を退け、彼女が肉体的に証言できる状態にあるなら、休みを取ることを許可はできないと説明した。彼女は、自分に何が起こるのかがわからず恐ろしかったこと、また、自分がレイプされたことを母に知られたくなかったため、最初、捜査に協力することを拒んだと説明した。前日の尋問は、彼女のオーラル・セックスのテクニックに焦点を当てていた。弁護士は、「口をどのくらい大きく開けましたか」と質問した。弁護士は、彼女の過去の恋愛経験や彼女が身につけていた下着に関する質問も、自分の依頼人の弁護のために、重要な情報であると主張した。

フットボール選手たちに対する軍法会議はまだ一件も開かれていないが、選手三人のうち二人に対して告訴は取り下げられた。一件は二〇一四年一月に取り下げられたが、その理由は、尋問前に権利について読みあげてもらわなかったためであった。その頃、国防総省が過去一年間に、性的暴力に関する事件が空軍士官学校で四五件、海軍士官学校では一五件、そして陸軍士官学校では一〇件報告された、と発表した。ニューヨーク州の民主党上院議員のカーステン・ギリブランドは、一月十日に「軍隊における性的暴力の蔓延とこの件に関する過少報告という危機は、士官学校にもいまだに蔓延しており、痛ましく、つらいことである」という声明を発表した。

この米国海軍士官学校における信じられないやり方――告訴されたレイプの容疑者を起訴するか否かの決定権は、指揮官がもつ――こそ、軍隊におけるレイプの被害者が自分の受けた暴力を、これほどまでに報告したがらない理由を、鮮明に表している。それに加え、米国司法省は、性的暴力の報告に関する被害者の怖れを利用して、のちに被害者が医療費請求をしても、退役軍人省は性的暴力の被害者に医療費を支払わなくてもよいことにしているのである。二〇一三年十月の『ワシントンポスト』でルース・マルカスが報告しているように、アメリカにおける控訴裁判所の裁判官は、性的暴力を受けた女性被害者が、その被害直後にその件を報告しないかぎり、退役後に心理的・その他の傷の治療費の補助を受けられないという判決を下している。ほとんどのレイプや性的暴力が報告されていないことと、被害者が心的外傷後ストレス障害などの長期にわたる大きなダメージを受け、その後長期にわたって治療が必要であることを軍は認識している。しかし、このような判決は、犯罪直後の報告を怠った場合、この犯罪がなかったことの証拠にできると規定する。マルカスは、「つまり、私たちはこのような犯罪が報告されないことを知りながら、もしこの件を報告しなければ、運は尽きた、ということにするのである」と述べている。

議会の議員は、性的暴力を告発する意思決定権を軍の指揮系統から外し、法律の専門家や検察に移すことを提案した。この疑問は、国防総省が二〇一二年に軍において、二万六〇〇〇件にも及ぶ望まない性的接触（二年前の一万九〇〇〇件から増加）があったと推計したあとに出された。しかし、国防総省の統計によると、三二〇〇件が報告され、三百件が起訴されているのみである。これは、判明しているケースの一・二パーセントに過ぎない。このわずかな起訴数とさらに少数の有罪判決を、同様の犯罪で三七パーセントが起訴されている一般の裁判制度と比べてほしい。

海軍での個人的経験から、指揮官は被害者に適切な保護とケアを保障する責任があること、さらに、事件を調査して犯罪者に責任を課す必要があることを私は知っている。また、私は、指揮官が自分の責任を怠った場合、部下による指揮官の指導力評価が下がることも知っている。軍法会議で扱った性的暴力の件で、めずらしく有罪判決を受けた人物のうち二人の男性将校に対して、中将により恩赦が与えられたことが議会に報告された。起訴に関する意思決定から軍の指揮官を完全に排除するという提案の代わりに、議会は二〇一三年十二月に、時効を廃止し、軍の指揮官が陪審員による有罪判決を覆すことを禁止し、性的犯罪の報告者への報復措置を犯罪とみなす決定を下し、誰でも性的犯罪を犯した場合には懲戒除隊とし、起訴に関して国防省の民間人の役人により多くの権限を認めて、レイプと性的暴力により強い規制を導入した。

これは注目すべき進歩であるが、この問題はアメリカ社会での一般認識よりもアメリカ軍隊ではずっと深刻であった。二〇一〇年のナショナル・パブリック・ラジオの放送によれば、「女性退役軍人を対象とした調査の結果、対象者の三〇パーセントが軍隊在籍中にレイプされた経験があると回答した。二〇〇四年の心的外傷後ストレス障害の治療を求めていた退役軍人を対象にした調査によると、七一パーセントの女性が軍隊在籍中にレイプされたか性的暴力を受けたと回答した。湾岸戦争やそれ以前の戦争に従軍した退役女性軍人を対象とした一九九五年の調査によれば、九〇パーセントの女性が性的嫌がらせ（セクハラ）を受けていた。より最近の報告によると、紛争地帯に出入りする民間業者の女性雇用者は、同僚にレイプされても起訴しない、という契約書にサインさせられるということである。

以上のことから学ぶべきことは、アメリカ社会において最も尊ばれ、崇められている大学と軍隊という二部門で、しかも、性の平等が保障され、私たちの尊敬すべき政府が最高水準の正義を守ると約束している部門で、女性へのレイプがいかに蔓延しているかということである。私たちには、女性の地位が公然と低く抑えられ、紛争地域が完全に無法状態のような国では、状況はどれほどひどいかと想像することしかできない。

国による暴力の正当化は、社会における暴力を促す作用があることを私は先に述べた。そして、この作用は軍隊や大学に在籍している若者に、とくに強く働く。もし私たちの軍隊が正当化できない暴力をふるうように指示されたら、独立したばかりで、非常に多くの緊張を強いられる環境に向かうように自分に強いている、敏感な兵隊や大学生の考え方と行動に影響を及ぼすだろう。もし彼・彼女らの政府が問題解決の手段として安易に暴力と処罰を選択するのであれば、若者はこの選択を内面化し、人間関係の構築や社会生活において、平気で暴力をふるうようにもなるだろう。

民事裁判での、レイプ犯に対する過剰なほどの寛大な措置と、被害者に対する配慮の欠如に対して、励まされるような世間からの関心が示されることがある。これは、モンタナにおいて、五十四歳の教師スティシー・ランボルドが十四歳の自分の生徒——のちに自殺した——をレイプした事件において見られた。最初、ランボルドは性暴力加害者矯正プログラムの受講を指示された。その後、ランボルドがプログラムで決められたことに違反して、彼は地方裁判所の判事のトッド・ボウによる裁判の判決手続きに連れ戻された。量刑審問で裁判官は、レイプの犠牲者は「彼女は暦上の年齢よりも、年長であったこと」、レイプ犯と同程度に「おそらく状況をコントロールできる状態にあったこと」を述べて、ランボルドに一五年の判決を言い渡したが、獄中で三〇日間過ごすだけで、残りはすべて執行を猶予された。この判事の法的措置は、この犯罪が、最低でも二年の収監というモンタナ州の法律に違反すると申し立てられた。全米女性機構は、法律専門家に制裁措置を取らせる権限をもつモンタナ州裁判基準委員会に苦情を申し立てた。申し立てには、その判事の辞任を求める嘆願書が一四万人の署名とともに提出された。この争いは、まだ解決されていない。

レイプを扱う裁判はきわめて慎重に対処すべきもので、どのような決定がなされても、配慮が必要である。バラク・オバマ大統領が二〇一三年五月に軍の最高司令官として、性的暴力を犯した者は「起訴され、地位を剝奪され、軍法会議にかけられ、解雇され、懲戒除隊」されるべきだという正式な意見を表明したことにより、これまであまりなかった軍におけるレイプ加害者の起訴の重い扉が開かれる事態が生じた。すぐに、起訴されたレイプ加害者に有利なチャンスを与える「非合法的な影響」がこれまではあったのではないかと疑われ、保留中の一二件以上の訴訟の見直しが、裁判官と被告側弁護士によって始められた。前法務総監でカンサス州の法科大学院の学部長は、「私がこれまで聞いたどの最高司令官の所見よりも、オバマ大統領の意見は明確だった。最高司令官本人が、レイプ加害者を懲戒除隊すべきと述べたことは、きわめて明確なメッセージだ。すべての軍の被告側弁護人はこれに基づいて行動を起こすだろう」と述べた。予想通り、訓令ですまされていた判断が翌月には棄却され、サウスカロライナ州のショー空軍基地、ノースカロライナ州のフォート・ブラッグ、そしてハワイ州での二つの訴訟で、裁判官は被告の免責に反対の判決を下した。最終判決が下されていない他の訴訟でも、同様の申し立てに基づく被告人弁護が行われはじめている。ホワイトハウスにいたとき、同じ管轄に関わる、似たような訴訟があったことを私は記憶している。しかし、私は弁護士ではなかったため、法律顧問から、どれほど善意に満ちたものであっても、陪審員に先入観を抱かせるような干渉を行うべきではないと、何度も注意されていた。

アメリカの大学と軍隊部門での継続的で、多くの場合未解決の性的暴力の存在は、私たちの最も傷つきやすい市民を守るための道のりはまだ遠い、ということをはっきりした、かつ、憂慮すべき事実を示している。自分たちの組織にそのような虐待が存在することを、責任者であるリーダーは認めたがらない。そして、多くの犠牲者は正義を求めることに躊躇する。なぜなら、それを求めれば自分たちはさらに恥ずかしい状況に陥り、かつ、犯人の処罰には至らないことが予想されるからである。教育機関における教育改正法第九編による全面規制と、軍隊での暴力に対して議会が起こす行動が、これらの犯罪を減らし、他国へのよい模範例となるだろう。

第6章　暴力と戦争

カーターセンターで始めた初プロジェクトは、毎年、人権分野において世界最大の貢献をした人物の表彰であった。賞金の一〇万ドルは、世界最大の油田検層会社シュルンベルジェの女性遺産相続人ドミニーク・デ・メニルの寛大な心遣いによるものだった。カーター・メニル人権大賞の授与式は、通常、カーターセンターか、ヒューストンのロッコ教会で開催され、ネルソン・マンデラか他の招待ゲストのスピーチが行われる。初回は私がスピーチをする名誉を授かり、私はドミニークから、人類の苦しみと虐待の最大要因は戦争であり、その苦しみは女性、子ども、そして罪のない弱者に最も大きく降りかかることについて話してほしい、と頼まれた。

このことで私は、軍人としてのキャリアの最初の頃や、大統領に就任したばかりの頃を思い出した。ホワイトハウスで私とロザリンは、特別な人たちの歓迎会を開催した。私たちはいつも、将校であろうとまだ将校になっていない者であろうと、出迎えの列にやって来ると、彼らに好ましい印象をもった。他のゲストと違って、彼らのコメントがしばしば平和への希望や祈りであることに、とくに驚きはなかった。海軍の将校として、私はつねに戦闘への準備は完璧であったし、我が国に対する武力行使の抑止が平和維持に貢献すると信じていた。その後も、影響力のある公職に就いてから、私は戦争開始の適切な条件について、深く考えてきた。軍事史を勉強した経験から、今日の戦争では、アメリカ南北戦争や第一次世界大戦のときのように明確な戦闘地域というものが存在せず、従って軍隊と民間人の区別が困難であることが私にはわかる。

どのようなとき、戦争は正当化されるのか。アメリカが第二の対イラク戦争の準備中、私はこの質問への回答をノーベル平和賞授賞式でのスピーチで述べようと考えた。当時、私はアメリカ大統領と英国の首相がイラク侵攻の正当化を一年も前に決めていたことを知らなかった。侵攻間近の二〇〇三年三月、私は武力行使へのキリスト教徒の基準を再度伝え、軍事行動への意見を述べたいと思った。そこで、『ニューヨークタイムズ』の論説として以下の記事を用意した。

単なる戦争か正義のための戦争か

アメリカの外交政策が大きく変化しようとしている。二世紀以上も一貫して我が国が偉大な成果をあげてきた二大政党への献身が次第に無駄になろうとしている。二大政党への献身は、賢明な決断と相互抑止力をもたらす結果となった基本的な宗教的原則、国際法の遵守、及び同盟を前提としていた。国際的な同意なしに対イラク戦争を始めるとの明確な決断は、これらの前提条件を侵すものである。

キリスト教徒として、何度も国際的な危機に挑発された大統領として、私は正義のための戦争の原則の細部にも詳しくなった。イラクへの一方的な攻撃は明らかにこれらの基準を満たしていない。これは宗教指導者のあいだではほぼ普遍的な確信であり、顕著な例外は終末論的神学に基づいてイスラエルに献身している南部バプテスト連盟の報道担当者だけである。

正義のための戦争の最も重要な基準は、非暴力の選択肢が使い尽くされた後、最後の手段としてのみ可能、というものである。私たちのリーダーが以前提案し、国連が承認したとおり、他の選択肢があることは明白である。しかし、いま、我が国の安全保障が直接脅かされてはいないのに、多くの人々と世界各国の反対がある中で、文明国史上前例のない軍事的・外交的行動を実行する決断をアメリカはしたようにみえる。報道によれば戦争計画の第一ステージは、ほぼ無防備なイラク国民への攻撃が始まって最初の二、三時間で三千発の爆弾とミサイルを発射するというものである。これにより、人々に打撃を与え、戦気をそぎ、爆撃中は安全な場所に隠れている可能性の高いイラク国民の不愉快なリーダーを、国民が更迭することを目指している。

戦争での武器使用は、戦闘員と民間人を区別すべきである。広範囲の空爆は、たとえどれほど正確であっても、つねに大規模な「一般市民の巻き添え被害」が伴うものである。アメリカ軍野戦指揮官の軍司令官フランクスは事前に、多くの軍事目標が病院、学校、モスク、そして民家に近いことをこぼしていた。

戦争での暴力は、受けた被害と比例するものでなければならない。サダム・フセインには他の重い罪があるとはいえ、イラク攻撃と9・11アメリカ同時多発テロ事件とを結びつけるアメリカの意図は、説得力に欠ける。

攻撃側は、自分たちが代表すると明言している社会から合法的な権力を是認されなければならない。イラクが保有する大量破壊兵器の廃棄を決議した安全保障理事会の満場一致の投票は尊ばれなければならないが、私たちが公言する目標は、政権交代と地域でのパックス・アメリカーナ達成であり、民族的に分断された国を、長ければ一〇年ものあいだ占領するかもしれない、ということである。この目的に対して、私たちは孤立している。これまでのところ、他の国連安全保障理事国は、ワシントンからの大きな経済的・政治的影響力に抵抗してきた。そして、私たちは、必要な賛成票を得られないか、ロシア、フランス、または中国の拒否権が発動されるか、という事態に直面している。トルコを動かすには、膨大な経済援助の約束と、将来におけるクルド人自治区とイラク北部の油田の部分的委譲について事前承諾が必要かもしれないが、現在のトルコの「民主的」議会なら、世界中から湧き起こる懸念の表明に、ともに声を上げてくれるだろう。

達成すべき平和は、現在よりも明らかに改善されなければならない。イラクの平和と民主主義に関する解決策の構想はあるが、軍事侵攻が成功した暁には、地域が不安定さを増し刺激を受けたテロリストが、アメリカの個人及び国家の安全を脅かすことになるかもしれない。それに、世界中の国からの圧倒的な反対にあらがえば、世界平和に有効に機能している国連を深く永続的に機能不全に陥らせる恐れがある。

９・11のテロ攻撃後、かつての敵対国でさえ心からの同情と友情を表明してくれた。しかし、その気運も薄れ、独善的な政策により、我が国は記憶にある限り最低レベルの国際的不信感と敵意の中にある。国連の反対を押し切って戦争を仕掛ければ、私たちの地位はさらに低下するであろう。しかし、引き続きアメリカの軍事力の圧力によって、イラクが国連決議に従うように迫れば――最終的な選択肢は戦争であるが――、平和と正義の推進者としての地位をさらに強固にするであろう。

この記事や他の抑止を求める願いにもかかわらず、私たちはイラクを偽りの前提に基づいて戦争を仕掛け、破壊した。そして、有益な結果は得られず、イランなどの周辺地域の過激派勢力を強化することになった。四四八七人のアメリカ軍人が死亡し、イギリスの『ランセット』によると、二〇〇六年の六月までにイラクでは六〇万人の死者――そのほぼすべてが民間人――を出したということである。アメリカ軍は一三年間にも及ぶアフガニスタン戦争も継続している。

軍事介入が正当とされた場合、残虐行為の防止に国際的な協力体制がしかれることがある。二〇一一年のリビア、そして再び二〇一三年の東コンゴで、残虐行為が発生したときや、発生しそうになったときは、国連が承認した国際的な共同行動が実行された。

母親、そして女性はイラク戦争の深刻な被害に苦しんだ。子どもの出生時の先天性異常が増えているが、私たちの調査によると、劣化ウラン弾からの放射性物質による汚染が原因である。これは、都市住民すべての未来に影響する。国際社会はこの問題を認識し、その規模を確認し、効果的な解決方法を提示すべきである。汚染をただちに除去する方法と、現に生じている先天性奇形（心臓欠陥）の診断と処置の財源が必要である。それから国際社会は、戦争防止、そして使用禁止武器の使用を防ぐという最重要目標に焦点を絞らなければならない。

医師、ファルジャー病院、イラク　サミーラ・アラニ博士

二〇〇二年にアメリカ大統領は、「予防戦争」の原則を発表した。予防戦争とは、平和が脅かさ

れたと思われるときに、相手国への攻撃や侵攻を正当化するものである。「対テロ戦争」は、二〇〇一年九月十一日に世界貿易センターと米国国防総省が恐ろしい攻撃を受けた見返りに開始された。しかし、この闘いが終わる見込みはいまのところない。私たちは、グアンタナモとアメリカ国内で外国人を裁判や訴訟なしに、無期限に投獄（生涯の可能性もある）する権利があると見なしてきた。

一国の権威によって軍事行動を実行できる、という史上類まれな事例として、犯罪の被疑者（アメリカ人であっても）を、国外で無人攻撃機や特殊部隊によって処刑できることが挙げられる。ヒューマン・ライツ・ウォッチは、イエメンでのアメリカの無人攻撃機による攻撃を調査し、二〇一三年十月の驚くほど多くの死者は、民間人であったことを報告した。同じ頃アムネスティ・インターナショナルはパキスタンでの攻撃を調査し、二〇〇四年から約三七四回の無人攻撃機による攻撃があったと推計している。この二つの人権団体は、何百人もの民間人が殺害され、アメリカは国際法に違反し、戦争犯罪の可能性がある、と同じ結論を出している。国連の別の調査によれば、パキスタンでのアメリカの無人攻撃機による攻撃で二二〇〇人もが殺され、そのうちの少なくとも六百人は民間人か非戦闘員であった。慎重な分析を行うことで定評のある新アメリカ財団の報告によると、パキスタンとイエメンで三三六人から三九一人の民間人が殺害されている。以上の事実が明らかになり、アメリカ大統領は民間の死亡者数を、ゼロに近づける新しい方針を実行すると誓った。しかし二〇一三年十二月のイエメンでの無人攻撃機による攻撃は一一台のトラック車列――アルカイダの編成トラック台数より多い――に的を絞った。案の定、それは花嫁の家に戻る途中の結婚式の列であった。イエメンの官僚は民間人殺害を認め、犠牲者の家族に賠償をした――一一万ドルと一〇一挺のカラシニコフ銃を！　このような償いは、いずれの死も悲劇であるにしても、アメリカがテロリストの攻撃を抑止する人権の王者という地位の均衡を保つことの方が、死者数合計よりも重要と示唆しているように思われる。

これは、いまに始まったことではない。一九七六年に私が大統領に立候補したとき、上院議員のフランク・チャーチ（私の対立候補の一人）が行ったアメリカ上院委員会での報告を中心に、外国の要人暗殺というアメリカの極秘行動に関して盛んに議論が行われていた。このような行為に反対する世論が高まり、ジェラルド・フォード大統領はアメリカの工作員による暗殺をすべて禁止し、のちに私はこの指示をさらに強化した。我が国への差し迫る攻撃を防ぐために、行動が絶対に必要という場合を除けば、暗殺計画は非道徳的であり非生産的であるということが、私にははっきりわかっていた。

無人攻撃機による「的を絞った殺害」に関する情報が明らかになるにつれ、現状はアメリカ政府の希望する状況とは正反対の結果であることがわかってきた。二〇一三年に二人のイエメン人――一人は上院司法委員会での証言のため、もう一人は政治家に会うために――がワシントンDCへやってきた。二人とも村を破壊し、家族を殺害した、無人攻撃機の攻撃に対する回答を求めていた。ファイサル・ビン・アリ・ジャベールは、イマームの叔父で、アルカイダのメンバーと会い、テロを止めろと説得している最中に無人攻撃機によって殺害された。無人攻撃機の標的であったと思われる、そのアルカイダのメンバーも、やはり殺された。上院委員会で証言したファレア・アルムスリミは、アメリカで教育を受けイエメンの「親善大使」的な役割を果たしており、自国からのアルカイダ根絶のためにアメリカに協力しようとイエメン人の説得をやっていた。彼の証言の一週間前に、彼の村は無人攻撃機のミサイル攻撃を受けた。彼は、熱心に耳を傾ける上院議員たちに、この攻撃以後、アルカイダへの支援は増え、いままでにない規模でアルカイダのメンバー勧誘が成功していると告げた。

二〇一三年開催の人権擁護フォーラムに参加したパキスタンのモサラット・カディームは、アルカイダとタリバンから若者を脱却させるため、過激派になった若者の母親たちと協力して働いている。彼らの宗教心とコーランの正しい解釈に訴えて、彼女は九二人の若者の穏やかな人生への回帰を支援した。しかし、無人攻撃機の攻撃後、彼女は困難に直面した。親族の多くが過激な若者を、個人の存在や自国の主権に無神経なアメリカに対抗する愛国的ヒーローと捉えるようになったためである。

私たちが地球規模の戦闘に巻き込まれている限り、たとえ隠れて行われていても、我が国が果たす人権への尽力の信用を、どのようにして取り戻すことができるのか、なかなか想像できない。パキスタンでの無人攻撃機への報復として、パキスタンの政治指導者はイスラマバード在住の中央情報局責任者の身元を公表し、その結果、責任者が交代し、二国間の関係はさらに緊張した。コミュニケーション技術の飛躍的な発展と、不正に関して発言したいという人々の前では、秘密を守る方法は皆無である。

都市での爆撃とミサイル攻撃は、多くの女性、子ども、高齢者の死傷者を出す恐れがあり、内戦において軍隊所属の兵士だけを狙うのは不可能である。それに加えて課題となるのは、とくに女性への虐待である。弱者や傷つきやすい者を狙う潜在レイプ犯などを通常抑制している理性は、戦争に内在する暴力性によって弱まる傾向が見られる。これは一九三〇年代から一九四〇年代にかけて日本軍兵士により東アジアで行われたことであり、今日では、コンゴ東部とその付近での戦闘で大きな問題となっている。平時でも、暴力が通常の行動に組み込まれると、女性と女児のさらなる虐待の要因となる。

第７章 旅行者として観察したこと

七十歳になった母は、正看護師としてピースコープ（平和部隊）の長期ボランティアの任務に就き、インドで働いていた。母の配属先はボンベイ（現在のムンバイ）郊外のビクフロリという小さな村であった。そこで村全体を所有していたのは、裕福なゴドレジ家で、寛容な統治が行われていた。村の人口は約一万二〇〇〇人で、村人はゴドレジ家の経営するさまざまな工場で働いていた。村人のほとんどは「ダリット」つまり不可触民という社会階層であった。母はダリットの人々の中で働き、便などの排泄物の処理もしたし、自身が暮らす住居では、床ふきなど使用人がするような仕事まで自分でした。習慣から判断すれば、母もこの階層に該当する。母はわずかな給金だけを受け取っていた。アメリカにいる家族からの送金を受けることはピースコープの規則が禁じていた。

ゴドレジ家に雇われている庭師は母にあれこれ親切にしてくれた。こっそり野菜を分けてくれたり、ときどき花をくれたりした。庭師は、息子と娘がいるが、収入が少ないので息子しか学校にやれなかったと母に話した。母は他に方法も思いつかず、庭師の親切へのお返しに、自分がその娘に読み書きを教えてあげようと申し出たのだった。大きな岩に母と並んですわって勉強をしている女の子の写真を、母は私たちに送ってきた。私の妹、グロリア・カーター・スパンが母のインドからの手紙を編集し、やがて『祖国を離れて――家族への手紙』(*Away From Home: Letters to My Family*)と題して出版した。この本は私が大統領になってからたいへん評判になった。のちにペーパーバック版を出すとき、母と女の子が岩にすわっているその写真を出版社は表紙に使った。

二〇〇六年には、ロザリンと私はハビタット・フォー・ヒューマニティ(家を建てることで人々の希望を築く国際支援団体)のボランティアの一団を率いて、ムンバイの近くに百軒の家を建てることにした。一日早く到着したので、ビクフロリに立ち寄ることができ、私たちはゴドレジ家の客として迎えられた。彼らは私たちの訪問をとても喜び、母が働いていた病院の医師や、母の手紙にたびたび出てきた人たちなど、母をよく知る何人かの人と会えるように手配してくれた。ゴドレジの製作する商品が展示されている大きな部屋に百人近い人たちが集まり、互いに交歓した。予定された時間が終わりに近づいたとき、母の本が数冊並べてあるのに私は気づいた。表紙の写真の女児はどうしているかと、私は尋ねた。ゴドレジ氏が、その女の子ならここに出席しています、と答え、本人に立ち上がるように促した。そして彼女は、いま地方の大学で学長をしていると自己紹介をしたのだ。私自身は教育にほとんど男女の差のない社会で生きてきたのだが、このことを思い出すたびに胸が熱くなる。発展途上国では女児たちは社会的に疎外されることが多いが、それを打破するために教育の果たすべき役割を鮮明に示す事例である。

定期的に私は聖書を読む集まりを開いているが、新約聖書にも旧約聖書にも、私が避けたい部分がある。とくに、不必要な暴力を助長するような部分、あるいは基本的な正義の基準を侵しているように解釈できる部分は避けるようにしている。コーランを詳しく学び、聖書の中の特定の箇所が、信仰の異なる人からはどのように解釈されるのかを考察した時期がある。大統領時代に、アメリカ人がイランのシーア派に人質として捕えられる事件があった。続いてイラクのイスラム教徒がシーア派とスンニ派に分かれて紛争を起こした。このとき私は、アメリカ人外交官の解放を確実にし、この地域に平和をもたらす助けをしたいと思い、そのためにイスラムの信仰を活かす道はないかと考え、イスラム教を理解したいと思ったのだ。私はイスラム教徒の聖典の英語訳を読んだ。国務省と中央情報局（ＣＩＡ）がホワイトハウスの大統領執務室に何人かのイスラムの専門家を招いた。彼らはさらに詳しく私に説明してくれた。主要な宗教はすべて、正義、平和、慈悲を信仰の本質とする。一部の人の偏見にとらわれた解釈によって、その意味が捻じ曲げられる過程を、私ははっきり理解できるようになった。
キリスト教社会と同様に、イスラム世界でも女性の社会的地位は多様である。そして西側にいる私たちは、イスラム教徒の女性たちの多くが、政治的自由と平等をかなり享受していることを見落としがちである。カーターセンターはヨルダン、エジプト、レバノン、リビア、チュニジア、インドネシア、パレスチナ、そして南北スーダンの選挙を監視し、バングラデシュの選挙の準備を援助してきた。これらの国では、アルジェリア、イラク、オマーン、クウェート、モロッコ、シリア、モーリタニア、イエメンなどのイスラム法典が大きな影響力を発揮するたくさんの国と同様に、男女は平等に投票権をもっている。女性の平等な政治的権利を妨げるような宗教的な教えは、コーランには何も記載されていない。

これは真実の瞬間である。人権のために働く信仰心篤い人々は、かならず誠実でなければならず、自分自身のリーダーシップが善にも悪にも作用することを認識していなければならない。女性たち、女児たち、そしてあらゆる人々の生活によい影響をもたらすために、私たちはイスラムの力について語らなければならない。私たちはこのメッセージを伝える責任をもたなければならない。我々は指導者が我々に指示するのを待っていてはならない。私たちは子どものうちに、草の根の活動で、人権、平和の樹立、共存について若い世代を教育すべきだ。声なき者の声を拾い、いま合唱になる。考えを共有し、世界中の人権の概念を高めるための努力を互いに支えるのだ。

イスラム平和安全保障理事会（ガーナ）事務総長　アルハジ・ホザイマ

男女平等の問題を考えるとき、サウジアラビアは特殊な事例である。サウジアラビアの女性はこれまで投票権を与えられたことはなかったが、二〇一五年には、少なくとも地方選挙では、投票が許されるはずだ。一五〇人から成るシューラという協議会があり、シューラは、国王に法案を提案する権限が認められている。二〇一三年に国王がシューラとして三〇人の女性を任命したことは、希望を抱かせる。サウジアラビアがイスラム世界で指導的立場にあることは疑いの余地はない。その莫大な富と主権は二聖モスクの守護者の役割を果たしている。大統領として、サウジアラビアの人々の協力がどれほど大切かということを、困難に直面した時期に私は知った。イランとイラクが戦争を始め、両国からの石油の供給が世界中で止まったとき、サウジアラビア国王は私に、石油価格の安定を図るために、石油の産出を大幅に増加させると伝えてくれた。イスラエルとエジプトとともに、キャンプ・デービッドで和平交渉を試みる計画を私が発表したとき、アラブの指導者からの非難が殺到したが、サウジアラビアはアラブ側の支持を取り付けることを、冷静に約束してくれた。そして和平合意締結をエジプトで宣言したとき、去り際に、まっさきに電話で祝ってくれたのはサウジアラビア国王であった。

サウジアラビアのこれらの支援が公にされることはなかった。サウジアラビアはアラブ連盟の二二の加盟国の中にあって、協調関係を保とうとしていた。その中で消極的な賛成という位置にとどまり、主流の意見に距離を置こうとしてくれたのだ。その後二〇〇二年にはアブドゥッラー皇太子（現在は国王）が、一九六七年以前のイスラエルとパレスチナの境界線を承認することを条件に、イスラエルとの和平を提案した。すべてのアラブ諸国が同意し、やがて、イランも含めて、イスラム側の五六か国が賛成した。カーターセンターがアジア・アフリカのギニア虫感染症の撲滅に取り組みはじめたとき、私はサウジアラビアで国王に会い、寄付を求めた。私は説明のポイントの一つを、この感染症がイエメンやパキスタンをはじめ、多くのイスラム教徒が暮らすアフリカ諸国に広がり、人々を苦しめていることに置いた。国王はほほえんで、「九百万ドルの寄付をします。でもイスラム教徒に限らず、あらゆる宗教の人に、分け隔てなく使ってください」と言ってくれたのである。

ロザリンといっしょに私は何度かリヤドを訪問しているが、あるとき、私たちが到着する直前にかなりの大雨が降り、低地にたまった水を取り除くため、市街地のあちこちにポンプとタンクローリー車が出動していた。ファハド国王と側近たちは約四〇〇キロ離れた砂漠にいると知らされた。部族の首長たちが国王と相談するために集まり、そこで会談が行われているとのことであった。翌日、私たちはヘリコプターでその野営地まで行った。ほぼ一夜のうちに砂漠にいっせいに花が咲く光景を目にして、私たちは驚嘆した。上空から何十もの大きなテントが円形に並んでいるのが見えた。それぞれのテントは発電機と衛星アンテナを備えたトレーラーハウスに接続されていた。砂丘の数キロ離れた所にも、少し小さめの同じような野営地があり、パイロットが女性用のテントであると教えてくれた。

着陸するとすぐにロザリンはランドローバー車で女性たちの所に行き、私は男性たちに加わった。平らにした砂に敷いた美しい絨緞《じゅうたん》の上で、大きなクッションにもたれて、国王と私は公的なことがらについて数時間にわたる議論をした。そのあと、国王は私の願いを聞き入れて、次々と首長たちが表敬に現れ、申し入れをしたり、関心ごとを話し合う場に同席させてくれた。私は彼らと二晩を過ごし、すばらしい食事ともてなしを楽しんだ。たくさんの羊が炭火で焼かれ、雨のあとに採れた砂漠のトリュフを特別にふるまってもらった。私たちはキャンプファイヤーを囲み、長い時間くつろいで会話を交わした。戦争についての明確な意見もたくさんあれば、寝室の卑猥な話もあり、イスラム教によって認められている四人の妻を男がどのように選ぶかということも話題になった。夜が更けると私たちはエアコンの効いた贅沢なトレーラーハウスに引き上げた。

女性に課された厳密なドレスコードについて、ロザリンも私も心得てはいた。市街地で女性が一人でいるのを見たことがないし、女性が自動車を運転することも自転車に乗ることも認められていないことは知っていた。女性一人ひとりに決まった男性の保護者がいて、男性しか投票することも公職に就くこともできない。私はロザリンに対して幾分申し訳ない気持ちだった。二流の市民として制約され、顔を隠さなければならない女性たちの中で、ロザリンは立ち往生しているだろうと想像していた。ところが、ロザリンはこれまでの訪問の中で最も楽しい時間を、わくわくしながら過ごしていたのだった。女性たちは楽しそうに、サウジアラビアの社会における女性の地位の利点について語った。女性は特別に守られているし、自由や特権もあるのだと自慢した。戒律が比較的ゆるやかなアラブの国に家族で旅行したこともあるし、フランスのリビエラやスイスのアルプスを訪ねたこともあると彼女たちは話した。もちろんロザリンといっしょにいたのは、ほとんどが王族、あるいは族長や砂漠の首長の妻、もしくは娘であったのだが、サウジアラビアの他の女性たちも、欧米から見ると人権剥奪に思えるような風習をむしろ享受していることを、私たちはあとで知った。

変化が起こりつつある。サウジアラビアの働く女性たちの大部分が、大学教育を受けている（働く男性の場合は一六パーセントにとどまる）。そして大学生の六〇パーセントが女性である。しかし大学を卒業した女性の七八パーセントは、宗教や文化の制約のために働いてはいない。ある食料品チェーン店の経営者はこの考えに反対している。「女性はあまり辞めないし、細かいことに気がつくし、男性にくらべて二倍は意欲と生産性が高いので、私たちは女性の採用に努めている」と話してくれた。しかし彼のこのような努力にもかかわらず、女性従業員は五パーセントにも達していない。二〇〇七年十二月のギャラップ社の世論調査は、男女ともにほとんどの人が女性の働く権利と運転する権利を肯定していることを示した。二〇一三年十月には、サウジアラビアのいくつかの都市で、女性たちが公然と車に乗って女性の運転禁止に抗議したが、以前のように逮捕されることも罰せられることもなかった。

一夫多妻制は、イスラム教徒たちと議論するとき、しばしば話題になる。コーランの翻訳を読むと、重要なのは第四章第三節の「あなたがたがもし孤児に対し、公正にしてやれそうにもないならば、あなたがたがよいと思う二人、三人または四人の女を娶れ。だがもし複数の妻に対して公平にしてやれそうにもないならば、ただ一人だけ（娶るか）、またはあなたがたの右手が所有する者（奴隷の女）で我慢しておきなさい。不公正を避けるためには、これがもっともふさわしい」という一節である。この言葉は、イスラム世界でさまざまに解釈されている。コーランが書かれたのは、はるか何世紀も前のことであり、当時は夫の権力が絶大で、女性の願望や関心はあまり尊重されなかったということかもしれない。私はこの問題について、砂漠の首長たちやその他アラブの国の有力者たちと議論してきたが、彼らの大半は、コーランは一度に四人まで妻をもつことを認めていると思っている。彼らがしばしば強調するのは、預言者ムハンマドの意図が女性や孤児の地位を守ることにあった点と、現代では新たな結婚によって家族を拡張しようとするとき、これから妻になろうとする女性の意向とすでに妻である女性たちの承認が必要とされる点である。

私が大統領だったとき、ワシントン在任のサウジアラビア大使のバンダル王子には大いに助けてもらった。私は彼をジョージア州に招き、ポインター、セッターなどの優秀な猟犬がウズラを狩る様子を披露したことがある。私たちはジョージア州南西部の大きな農場で、私の友人も何人か交えて、一日中馬に乗って過ごした。その後、代表的な南部料理を楽しみ、それから戸外のキャンプファイヤーを囲んだ。友人たちは鷹狩りについて興味津津で、また、サウジアラビアについて、「何人の奥さんがいるのですか」など、大使にたくさんの質問をした。大使は「私の妻は一人です。サウジアラビアの若い世代の男性はほとんど、妻は一人です。しかしコーランは一度に四人の妻をもつことを認めています」と答えた。夫が妻に「私はおまえと離婚する」と三回言いさえすれば、妻は離縁されると大使は教えてくれた。さらに質問をすると、王子の兄の一人は五六人の妻をめとったが、つねに最初の妻に家政を任せていたし、同時に四人より多くの妻をもったこともなかったと説明してくれた。離婚した妻は、それぞれりっぱな家と生涯にわたる年金を与えられたということだった。

二〇一三年にカーターセンターで開催された人権擁護フォーラムに参加したイスラム女性たちは、一夫多妻の複婚が女性にもたらす結果は悲惨であると主張した。女性はいつ、だれと結婚するかをほとんど選ぶこともできず、宗教的、政治的な権威を認められた夫があらゆることを決めるので、妻は自分や子どもたちの先行きに不安を抱えて過ごさなければならないのだ。

今日の私たちの社会も含む多くの国、とくに中東諸国では、宗教は未来を左右する重要事項である。女性の権利をめぐる問題は、国としてのアイデンティティを決定する闘いの場となっている。私たちが女性の権利を擁護すれば、すべてを正すことができる。女性の権利を尊重しなければ、すべてが崩壊するだろう。冷静に宗教をめぐる論争のできる社会になり、脅迫の恐れなく、女性の権利について話し合わなければならない。社会が暴力から女性を守ろうとしてこなかったのであれば、宗教の指導者が立ち上がり、街灯を設置し、警察官を訓練し、暴力をふるった者を罰するなど、女性を守る社会の実現を国に要求しなければならない。国連人権理事会は、あらゆる政府に対し、これらの措置の優先実施を求める。

国連人権高等弁務官事務所　モナ・リシュマウィ

大統領の任期を終え、ホワイトハウスを退出したあと、私が最初に長期の海外訪問をしたのは中国だった。鄧小平副主席からの数年来の招待を受けての旅であった。家族や数人の友人とともに、有名な観光地を数か所訪ねたのに加え、小規模ながら、試験的に慎重に自由経済が立ち上がりつつある農村地域にも、たびたび足を運んだ。鄧小平副主席がとりわけ私に見せたがっていたある試みがあった。当時、この試みは町村集落に居住していない農家に限定されていた。農家は共有農地のうちの一五パーセントまで私的な作物の栽培が認められ、何か一つだけなら小規模の商業活動も認められていた。そしてその収益を個人所有する権利が与えられた。たとえば、家族で自転車修理の仕事をしてもいいし、馬蹄を作ってもいい。鉄くぎを製造してもいいし、土器を作ってもいい。五羽までの鶏、五頭までの豚や山羊、ミンク、羊などを飼うこともできる。一度に手がけることができるのは、一種類の事業に限られていたが、収益は自分のものにできた。選ばれて特別な権利を与えられた農家が誇らしげで情熱的であったことが、強く印象に残っている。自ら選択した事業の経営において、女性が完全に平等に扱われていたことも印象的であった。まだ私たちがアフリカで活動を始める前のことで、このような男女平等は、発展途上国ではめったに見ることができないものであった。

ロザリンと私は公職を辞してから定期的に中国を訪問し、そこで女性の地位の向上を目撃してきた。教育と雇用において女性が平等の機会を得つつあることを統計が示している。教育や雇用に占める女性の数は急速に増加している。婚姻法は性差別を撤廃し、二九八七名の全国人民代表のうち、六九九名（二三・四パーセント）が女性である。中央委員会の幹部の地位に就いた女性はいないものの、現在は一四名の女性閣僚がいる。『フォーブズ』誌は数名の中国人女性を長者番付に載せているし、グラント・ソーントンの「国際ビジネス・レポート」は、中国では上級管理職の半数は女性が占めていると伝えている。アメリカの二〇パーセント、国際的な平均値の二四パーセントをはるかに凌いでいる。

中国に何年も暮らしたことのあるニコラス・クリストフは著書『ハーフ・ザ・スカイ』で、「中国ほど女性の地位向上に長足の進展を見せた国はない。百年をかけて中国は、少なくとも都市部は、女児を育てるのに最も適した場所の一つになった」と述べている。この顕著な女性の地位向上は、中国人民党の長年にわたる政権獲得のための軍事闘争において女性が果たした役割と直接関係している。「中国革命（一九二一―一九五〇）における女性たち」と題された論文は、「女性の解放のための闘いは、女性が男性とともに戦闘に臨んだ社会主義革命を実現するための闘いと密接に結びついている」と述べている。一九五〇年に婚姻法は「女性に対する男性の優位に基づいた専断的かつ強制的で、子どもの利益を無視する封建的婚姻制度を廃止する。配偶者の自由な選択、一夫一婦、両性の平等の権利、法律の認める範囲内の女性と子どもの権利の保護を基盤とする『新しい民主的婚姻制度』が施行される」と宣言したのである。この婚姻法は家長の存在を認めず、夫と妻の両方に家庭における平等の地位を与えたのである。

中国が平等を保障する法律を作り、主要な国際合意を批准していることは、他の国の模範となるものであるが、一方で、古くからの性差別的な伝統も解消はされていない。とくに辺鄙《へんぴ》な田舎では根強く残っている。役人たちの説明によると、田舎で高給を得る職に就いた女性の多くは辞職を余儀なくされるか、家族を残して都市部に移り住んでいるとのことだ。そしてこの格差を是正するために闘っているという。

私が大統領だったとき、人権を積極的に尊重することを外交政策の基本としていたので、アメリカはラテンアメリカの独裁国家との歴史的同盟を断ち切ることになった。一九七九年にアナスタシオ・ソモサ・デバイレの独裁政権打倒に成功したニカラグアの革命を、強い関心をもちつつ、干渉は控えて、見守った。革命勢力はサンディニスタ民族解放戦線のメンバーに率いられていたが、学者、ビジネスリーダー、プロの革命リーダーなど、さまざまな人が加わり、とくに女性の参加が特徴的だった。革命軍の戦闘員の少なくとも三〇パーセントは女性だった。男女平等が新政権の基本的な目標であったが、新しい法的な仕組みを形成するのに女性たちが果たした力は、西半球の独立闘争において前例のないものであった。私はサンディニスタ民族解放戦線のメンバーなどと、ホワイトハウスで会見したが、その中に革命リーダーの一人、ヴィオレタ・チャモロがいた。チャモロは一九九〇年のニカラグア初の公正な自由選挙で大統領に選ばれた。政権在任中、チャモロは女性の問題の改善には消極的であったが、年月をかけて、革命が推進しようとした女性の権利は広まっていった。南北中央アメリカ諸国の中で、四〇パーセントというニカラグアの女性国会議員の比率は群を抜いている。最近、選挙方法の公平性や透明性が後退したり、妊娠出産に関連する医療サービスを女性が利用しにくくなるなど、不穏なことが起こっているが、ニカラグアはいまでも、世界経済フォーラムの指標では、西半球諸国の中で、抜群に男女平等が進んでいる国である。実際、男女平等に関して、ニカラグアより上位はわずか九か国である。ヨーロッパのほとんどの国は、もっと順位が低く、そしてアメリカは、なんと二三位である。

どのような歴史的な出来事が女性の地位の平等化に役立つかは、簡単に断定も予想もできないが、中国やニカラグアでの女性の地位向上は、兵役が女性の影響力の拡大に貢献してきたことを示している。ほとんどの西側諸国は、女性が医療隊以外の現役の軍務に就くことを認めている。アメリカも最近、カナダ、デンマーク、フィンランド、ドイツ、イスラエル、イタリア、ニュージーランド、ノルウェー、セルビア、スウェーデン、スイス、台湾と並んで、女性兵士に戦闘任務を課すようになった。女性の戦闘における働きは立派なもので、私を含めて女性兵士に懐疑的だった者の懸念を打ち砕いた。女性の兵役に関して、私の以前からの疑問は、不当であるとわかった。兵役において「平等」であることは、政治的、あるいは経済的なことがらにおいても、女性が男性と同等の地位を求め、それを達成する可能性をより確かなものにする。

第8章
女性とカーターセンター

カーターセンターは辺鄙な地域においても、家族支援を行い、性差別と女性の搾取の問題に向き合ってきた。それは七〇か国以上の発展途上国に及ぶ。家父長的な社会に生きる女性たちが、いかに宗教上の信念を強制され、暴力にさらされているかを目撃してきた。さらに重要なことは、親族や隣人を苦しめる最も深刻な問題を是正するのに、自由で進歩的な女性が果たす画期的な役割について私たちが学んだことである。ほとんどあらゆるところで、女性は力においても権威においても二流の位置にあるとみなされているのに、きまってほとんどの仕事をしているのは女性であり、事業の成功の要が女性参加者であることを、女性たちは証明していると思う。男性が貧困、病気、迫害に苦しむときはかならず、女性のほうがもっと苦しんでいる。食べものが不足したり、教育の機会が限定されるとき、優先されるのはきまって男性や少年である。雇用機会が不足したり、生活のあらゆる面で有利な位置が限定されるとき、そのポジションを女性が獲得することはまずない。内戦が起こると、女性はまっさきに爆弾やミサイルの犠牲になり、子どもを抱えた難民になり、レイプ被害者になる。これらすべての背景には、ゆがんだ宗教上の信念と差別的な部族の習慣の強制による特殊な偏見がある。そのために恐ろしい殺戮（「名誉」の殺人）が行われ、女性器切除や児童婚も続いている。

平和を実現し、病気と闘い、希望を築くことがカーターセンターの主要な課題であり、他の人々の取り組みの繰り返しや競合を避けるというのが、私たちの基本的な考えである。アメリカ政府、世界保健機関（WHO）、世界銀行、あるいはどこかの大学や民間公益団体が適切に問題に対処しているのであれば、カーターセンターは首を突っ込むことを控える。着手したプロジェクトや活動地域を通して、私たちは世界のどこかの手つかずの問題に取り組もうとしている。何年にもわたって、私たちは平和合意の仲裁をし、アフリカで穀物を増産し、問題のある選挙を監視することで自由と民主主義を増進し、人権を擁護してきた。

私たちを少なからず驚かせるのは、これまでなおざりにされてきた熱帯病、とくにトラコーマ、リンパ管フィラリア症（象皮病）、回旋糸状虫症（河川盲目症）、住血吸虫病、メジナ虫症（ギニア虫）

の撲滅に、私たちの財源と人材の集中投入が求められたことである。カーターセンターの健康プログラムの全責任者であるドン・ホプキンス博士の指導のもとで、私たちはマラリア対策も行っている。マラリアもフィラリアも同様に蚊が媒介しているからだ。先進国では見られなくなったこれらの伝染病は、アフリカやラテンアメリカやアジアの各地で何千万もの人々をいまも苦しめている。

初期の頃、善意のあるリベラルな友人に、アフリカでの救命はその地域の人口爆発を助長することになるので、教育や農業生産の向上に携わった方がいいのではと、批判されたことがある。これに対して、当時の健康問題の責任者ウィリアム・フォージ博士に意見を求めた。フォージ博士はアメリカ疾病管理予防センターの元センター長で、天然痘の根絶に重要な役割を果たしていた。彼は公式データを出して、出生率低下を促す最善の策は、親に自分の子どもが生き延びられると確信させることであると、私に示してくれた。乳幼児の死亡率の低下は、それに続く人口増加の歯止めに直接関係がある。それは次のように説明ができる。貧しい地域の親たちは生き残った何人かの子どもに老後を頼ることになる。子どもの生き残りに不安があると、親はできるだけ多くの子どもを産もうとする。また、病気の予防と流行の抑制のためにはよい衛生環境と適切な食事などが重要であることを母親が知識として心得ていることが、家族の健康につながることも明らかになっている。私たちは主要な健康促進のプログラムを、三〇年以上もこのような前提に基づいて実施している。

カーターセンターの職員やアメリカにいる研修生は、ジャングルの奥地や砂漠の村に行き、病気とその予防や、苦しい症状の緩和方法を教えている。そのためには、必然的に私たちはそこに暮らす人々の生活を体験することになる。薬や濾布《ろふ》、殺虫剤、防護ネットが必要なときは、各国の厚生担当大臣に支援を求める。しかしその場合も、配給は私たちが管理し、現地の人々にみずから働いてもらうようにしている。彼らはきちんとやり遂げると、私たちは全面的に信用している。やりがいのあるプロジェクトに重点的に取り組むことができたのは、疾病撲滅国際特別委員会（ＩＴＦＤＥ）に助けられたからである。この特別委員会はカーターセンターに設置され、こうした取り組みをする唯一の組織である。主要な健康管理組織から派遣された参加者とともに、疾病撲滅国際特別委員会は定期的に人間のあらゆる病気を査定し、特定の地域の対策や地球規模での根絶に向けた目標を定めている。

私たちの活動の中で最もよく知られているのは、メジナ虫症、別名ギニア虫の対策である。この病気を撲滅させるという私たちの意気込みは、もうすぐ達成できるところまできている。これは、二五年以上にわたって、必死の努力を続け、二〇か国の二万六〇〇〇以上の辺鄙な村にカーターセンターの職員や研修生が直接出向いて活動をした成果である。この長い闘いを通して、地球上の最も貧困にあえぐ家族の中で女性たちの果たす役割はときに特別重要であるという、予想もしなかった大きな洞察を得たのである。

貯水池は毎年雨季に満ち、よどんで、やがて乾いていくが、ギニア虫症はその貯水池の汚染水を飲むことによって起こる。水の中にいる微細なギニア虫の幼虫は、小さなミジンコに飲み込まれる。そしてミジンコは水を飲む人々に飲み込まれる。人間の腹の中に寄生した幼虫は交尾する。一年ほどすると、メスの成虫は六〇センチから一メートルほどの長さになり、皮膚から出てくる。たいていは足からであるが、身体のどの部位からでも出てくる。

成虫が出てくるとき、広範囲の皮膚にひりひりとした激痛が起こる。筋肉の組織を損傷することもあり、関節の後遺症はポリオに似ている。耐えがたい痛みは約三〇日続き、患者は学校に行くことも農作業も何もできなくなる。医療手当も受けることもできず、村人はたいてい病気の原因も知らない。羊の血を飲んだか、天体の星が合わさったか、などが原因で引き起こされた神の呪いと信じている人も多い。何千年も続けられてきた唯一の手当は、現地の宗教指導者（あるいは呪術者）によるもので、出てこようとしている虫を鉛筆ほどの小枝や棒などのまわりに巻きつけて力を加え、虫が出てくるのを数日ほど早めるというものである。その度、虫全体を引き出すように十分な注意が必要である。虫の一部でも身体の中に残ると、腐敗し感染症を引き起こす。

私はガーナの小さな村ではじめてギニア虫を見た。その村では五〇〇人の住人のうちの三五〇人の身体から虫が出てくるところだった。歩くことも小屋から出ることもできないほど苦しんでいる重症の数十人をのぞいて、村人が大きな木の下の空き地に集まっていた。群衆の端にいる美しい女性に私の目がとまった。彼女は右腕に赤ん坊を抱いていた。私は集会のあと、赤ん坊の名前を聞こうと思って、彼女に近づいた。しかし、腕の中に赤ん坊はいなかった。赤ん坊ではなく、彼女は大きな右の乳房を抱えていたのだ。三〇センチほどに膨れた乳房の乳首から、虫が出てこようとしていた。あとで知ったことだが、彼女の身体のあちこちから全部で一二匹の虫が出てきたということである。

私たちに同行していた裕福な男性が、井戸を掘ってポンプを設置する費用を提供してくれた。数週間後には水汲みに貯水池が使われることはなくなった。これ以降、この村の住人がギニア虫に苦しむことはなくなった。

発展途上国で起こる他のほとんどの病気と同様に、ギニア虫症は家族の中の女性にとくに影響を及ぼす。まず患者の介抱を期待されるのは母親であり、女児である。そうなると女児は学校に行けなくなる。もし人々が病気の元を知ったら、まちがいなく女性を責めるだろう。ほとんどの家で池の水を運ぶ役割を担っているのは否が応でも女性たちだ。たいてい二〇リットル弱入る容器を頭の上に載せて運ぶ。水を汲むために彼女たちは池に歩いて入る。もしギニア虫が身体から出ようとしているところであれば、虫は何千個もの卵を産み、このサイクルが永遠に続くことになる。幸いなことに、家族や村を守る責任を担うのも女性たちである。具体例を挙げると、いまなお残る問題の九五パーセント以上が南スーダンで発生している。私たちの努力もそこに集中させている。最後まで残るこれらのケースは、早期発見も管理も難しい。病人の隔離に多大な努力を払うとともに、新しい感染症が発生していないか、数百におよぶ村の住人全員をきめ細かく観察するように努めている。二〇一二年に南スーダンで五二〇件の感染があったが、二〇一三年には一一三件に減少している。それでも私たちは約一二〇人の職員をフルタイムで雇い、任務に当たらせている。職員のほとんどが現地採用である。さらに職員を一万人以上の無給のボランティアが援助している。ボランティアは研修を受けた女性たちで、他の村民からの信頼も厚い。

一九九〇年にこの取り組みを始めて以来、技術顧問として働いた女性は一三一人にのぼる。ほとんどが公衆衛生の修士号をもっていた。彼女たちは風土病と闘うスーダン、南スーダン、トーゴ、ベナン、ウガンダ、ガーナ、チャド、ニジェール、エチオピア、ナイジェリアなどの国で職務を果たした。アトランタのカーターセンターの本部では、プログラムの広報と、費用の確保を女性が率いてきた。女性たちは相互に交流を図り、難題に対する重要な洞察を得たり、問題の解決方法を探り出してもきた。ガーナの新しい感染症の事例の広域調査には六千人の女性が当たったが、彼女たちはこれまではこのような指導的な役割からは外されてきた。その中の一人のリーダーが、女性たちの多くが抱いている気持ちを「女性に力を発揮させるときが来たのです。ものごとが動く仕組みを知っているのは、私たち女性だけなのです」と代弁した。

ナイジェリアのギニア虫症を根絶する最終段階は、元軍人大統領ヤクブ・ゴウォンが指揮した。ナイジェリアの村の貯水池をどうするかの決定から女性が排除されたときは、自信を新たに獲得した女性たちはゴウォンと対決し、村の男性有力者しか関わっていない承認は認められないと、工程を止めさせた。ゴウォンはすぐに過ちを正した。

最初の頃の大きな壁の一つは、辺鄙な小集落に暮らす人々全員に、どのように昔からの病気を説明し、根絶法を教えるかということだった。テレビもラジオもなく、七、八キロメートル離れた集落で話される言語が異なり、わずか数人の男性がかろうじて文字が読める状況の中で、完全に新しいコミュニケーションの方法を考えなければならなかった。私たちがたどり着いたのは漫画だった。女性たちが池から水を汲み、それを飲んでいる単純な絵を描いた。フィルターを使っている女性はだいじょうぶだが、そうしなかった女性の身体からは虫が出てこようとしているところを漫画にした。女性たちは感染経過を説明するオリジナルの脚本や歌を作った。また布にカラーで漫画をプリントし、家族のドレスやシャツを作った。私が訪問したとき、シャツを一着プレゼントされ、とてもうれしかった。

村人の中には絵も写真も一度も見たことがないという人もいる。これが時には問題を引き起こすこともあった。ピースコープのボランティアのあるグループが、ニジェールの辺鄙な村で、ひざほどの深さの池に立っている女性たちの絵を描いた。村人たちはその絵を見て、「足がないよりギニア虫のほうがいい」と口をそろえて叫んだ。

カーターセンターはこれまで「無視」されてきた病気に集中的に力を注ぎ、その状況把握に努め、根絶させようとしてきたが、その中で、失明に至るトラコーマは、唯一、男性よりも女性が二倍かかりやすい病気である。また私が子どもの頃に知っていた唯一の病気でもある。私たちは馬やラバに鋤《すき》や乗り物を牽《ひ》かせ、自給するために牛、羊、豚、山羊、ガチョウ、アヒル、鶏を飼育し、余った肉や卵、ミルクは売って収入の足しにしていた。畜舎のあたりは糞尿と雨水でいつも足首までぬかるんでいた。妹たちと私は、放し飼いにしている家禽の糞を、箒で飼育場からはき出した。私たちはいつも、たくさんのハエに囲まれて暮らしていた。ドアや窓には網戸があったが、ハエは家の中にも入ってきた。そして水分と栄養を求めて、とくに子どもの目に飛び込んできた。ハエは感染を起こす汚物を運ぶ。私はたえずひりひりする目の痛みに悩まされていた。さらに重症のトラコーマにならないように、母が手当てをしてくれたものだった。近隣には運の悪い人もいた。症状が進むと上の瞼が内側に入り込んでまばたきをするたびに角膜を傷つけ、目が見えなくなってしまう。最近になってこのことを思い出したのは、ケニア、スーダンなどのアフリカの国にあるディンカ族やマサイ族の家族が暮らす村落を訪問したときのことである。遠くからは子どもたちが眼鏡をかけているように見える。近づくと、水分を求めハエの群れが子どもたちの眼球の近くを飛び回っていることがわかる。

白内障を別にすれば、トラコーマは最も一般的な失明の原因である。世界で最も貧しい状況にある何千万もの人々が、いまも苦しんでいる。カーターセンターはトラコーマとの闘いを一九九八年にガーナで着手し、アフリカの十数か国で努力を続けている。世界保健機関が推奨するＳＡＦＥという総合的な治療方法がある。外科手術のＳ、抗生物質のＡ、洗顔のＦ、環境のＥという頭文字をとったものである。私たちは失明に至るトラコーマを数か国で撲滅した。いま主として力を入れているのは、これまで長年取り組みを続けてきたエチオピアである。二〇〇〇年に製薬会社のファイザーは、私の求めに同意して、抗生物質アジスロマイシン（ジスロマック）を無料で提供してくれることになった。アジスロマイシンはトラコーマの治療に最も効果の高い抗生物質である。二〇一三年十一月までに、私たちは一億服の薬を投与した。私たちが瞼の手術方法を教えた医療従事者は数千人に上る。そのほとんどが女性である。瞼の手術は、適切な訓練を受ければ、簡単に行うことができる。私たちは訓練を受けた者に、滅菌器具を提供した。いまでは世界中で行われているこの種の手術の四〇パーセントを彼女たちが担っている。私たちはまた流行地域の教師や親に、子どもに洗顔をさせるように指導した。教師も親も洗顔の重要性をまったく知らなかった。

共同体における問題を正そうとするとき、健康教育に変化を起こすのは女性たちである。女性たちが住居の衛生に責任をもち、洗濯し、衛生的な習慣を子どもに教育する。トラコーマや他の病気の広範囲にわたる治療活動によって、エチオピアの保健省は、男性よりも女性の方が世帯主からの厚い信頼を受け、近隣の家との交流も深いことを知った。エチオピアのアムハラ州で、私たちはこれまでに六五〇〇人の保健相談員を育成したが、全員が女性である。保健相談員たちはチームを率いて、毎年二千万服のジスロマックを投与し、目の感染を治療している。この数か月のあいだに、保健省は「五から一つの健康推進隊」というボランティアの女性保健師の組織を結成した。名前の由来は、五家族の中から一家族を選んで訓練し、他の四家族の指導と治療に当たらせることにしたからだ。二〇一三年のはじめには二万人以上のボランティアを動員し、ジスロマックの投与を受けた人口比率はほぼ九三パーセントにまで高まったことを確認した。保健の専門家は、この成功は健康推進隊の働きの成果であるとみている。健康推進隊は近隣の人と個人的に親密な関係を築き、だれが治療を受けられずにいるかにすぐ気づくことができる。

トラコーマの専門家たちは、「目の外科医」に選ばれた新しいボランティアの瞼に傷痕があるのに気づいた。本人の説明では、進行したトラコーマの感染を、訓練を積んだ近隣の人に外科的処置で治療してもらったということだった。その結果、彼女の人生は変わった。何もできなくなって悲惨な貧困に陥り、完全に目が見えなくなるのではなく、共同体のために積極的に健康を推進することになったのだ。この話をしながら、彼女は誇らしい表情を浮かべ、目は涙でいっぱいだった。

外科治療のSと抗生物質のAと洗顔のFがそろって、残る問題はE、つまり環境であった。人間や動物の排泄物はたまる一方で、ハエはそこらじゅうにいる。ハエは排泄物に産卵し、排泄物を食べる。そして人から人へ病原菌を運ぶ。驚くことに、この問題の解決の大きな糸口となったのは、「女性解放運動」だった。私の記憶では、昔、家の裏に野外トイレがあり（それは農場で唯一のトイレだった）、家の敷地には粉末や液体の強いDDTが散布してあった。DDTはハエ、蚊などの虫に効果があった。これがトラコーマとマラリアの両方を根絶する重要なヒントになった（DDTがチョウやたくさんの鳥、とくに効き目の長い殺虫剤を蓄積した獲物を食べる鷹などの猛禽類まで殺すことがわかったのは、あとになってからだった。いまでは戸外でDDTを使うことは世界中で禁じられている）。エチオピアやアフリカのその他の地域では、男性はさっと茂みに隠れて大便をし、小便は人目も気にせずに道路やハイウェイの端ですませることがよくあるのを知っていた。しかし女性は用を足すのを見られるのは絶対のタブーであった。女性や娘たちにとって、最も都合がいいのは、家族が暮らす家の中か、まわりに、隠れる場所があることだった。現地の人々といっしょに活動する中で、ハエの数を減らし、環境を改善する手段として、私たちはトイレの作り方を指導した。それは地面に穴があるだけの単純なものだった。人が立ったりしゃがんだりして用を足しているあいだに穴が崩れないように、工夫した。プライバシーのために茂みや布が目隠しになった。家族で作業をすれば、費用はたったの一ドルほどだった。私たちは最初の一年で数千のトイレを作りたいと思っていた。しかしエチオピアの主婦たちがこのトイレを女性解放に向けた現実的な動きと捉え、口伝えで村から村へ広めた。その年に設置されたトイレは、なんと合計で八万六五〇〇にもなった。二〇一二年末には、さらに妻であり母親である多くの女性たちが自由と健康のためにこの便利なトイレを望み、二九〇万のトイレが作られた。世界で最も優れたトイレのスポンサーという評判がしだいに高まっていることを、私は誇りに思っている。

幾分ユーモアを交えた説明になったが、社会的地位は低くても、女性は強く、男性にも勝る力を発揮さえするというよい例だ。健康の改善に深く関わっているのは女性たちであり、自分たちの問題の解決には信じがたいほどの力を見せ、共同体全体に利益をもたらすのである。

事実、以前は指導的な地位や責任をとる立場から女性は排除されていたが、熱心で有能な女性たちは、あらゆる健康プロジェクトの成功の鍵であった。一九九二年にエチオピアの首相は、約八二〇〇万人の総人口に見合う医療従事者の育成を求め、私たちがそれに応えた。首相は、訓練生がエチオピア国外に出ることを認めないという条件を出した。研修を終えて、訓練生がエチオピアに戻らないことを恐れたのだ。私たちは彼女たちの直面する病気や健康問題の一つひとつに対応したカリキュラムを作成し（およそ七〇に上った）、現地の大学のキャンパスを使って授業を行った。一〇年間の取り組みの結果、医師の助手を務めるか、正看護師として働くことのできる七千人の修了生と、准看護師の資格と同等の訓練を受けた二万七〇〇〇人の修了生を送り出した。これだけの人員があれば、エチオピアの全域に均等に配備したとして、二四〇〇人に一人の女性医療従事者がいることになる。

このプログラムが明らかにした重要な点は、貧困や病気に苛まれ、自尊心も、明るい将来への希望もほとんどない人でも、自らの努力によって具体的に成功すれば、生活も考え方も変えることができるということだ。貧困にあえいでいても、豊かな暮らしと教育資源に恵まれた人々と同様に、聡明で、向上心にあふれ、勤勉であることがはっきり示された。どこにでもいる人と変わらず、自分の家族と共同体の、身体的、情緒的、精神的な健康を強く求めている。そしてこうした取り組みの主導権をもつのは、たいていの場合、女性なのである。

一九八六年に私たちは、トウモロコシ、小麦、米、ソルガム（モロコシ）、きびやあわの雑穀など、基礎食糧の穀物生産増加への取り組みをアフリカで開始した。日本の慈善活動家である笹川良一氏とノーマン・ボーローグ博士がいっしょに加わった。ボーローグ博士は、インドとパキスタンで「緑の革命（農業技術の改良による穀物の増産）」を始めたことによって、一九七〇年にノーベル平和賞を受賞している。私たちはこの取り組みを「グローバル二〇〇〇」と名づけた。私たちは対象を自給自足の農民に限った。たいていの場合、彼らはたった一ヘクタール（約二エーカー）の土地で、家族全体の食糧をまかない、収穫の多い年は、余りを売って現金収入を得ている。私の一七年間の農場経営の経験と、ボーローグ博士の科学的かつ実際的な助言をもとに、私たちは収穫増加に成功した。質のよい種を選び、整然と植えつけ、雑草を抜いて、適切な時期に収穫し、湿気や害虫、ネズミなどの被害を最小限にする貯蔵設備をもつ人に限られるが、収穫は二倍、三倍になった。最終的に一五か国の八百万もの家族が私たちのプログラムを修了し、各国で最優秀の成果を上げた農民が表彰された。

忘れられない出来事が、ロザリンと私がジンバブエを訪問したときに起こった。私たちのジンバブエ訪問の目的は、首都ハラレから二〇〇キロほどの所に住む農民にこの賞を贈ることだった。私たちが村に着くと、地域の全住民が町の広場に集まっていた。広場といっても、住居と何本かの木に囲まれた空き地である。現地の役人たちは大木の下にいた。その中に一人、背筋を伸ばして緊張した面持ちの男性がいるのに気づいた。埃だらけだが、黒のスーツと花柄のネクタイで正装していた。彼は「グローバル二〇〇〇優秀農民賞」の受賞者として、私たちに紹介された。私たちは盾と賞金で表彰した。

受賞者の家では昼食が準備されていた。自宅では打ち解けて、両親のことや子ども時代のこと、成長してからの成功など、私たちにいろいろな話をしてくれた。彼の妻は、口数は少ないが、丁寧にもてなしてくれた。食事のあと、私たちは彼の農地に行ってみたいと提案した。彼は、道が悪いし、衣服が汚れるし、暑いし、無理だと強く拒んだ。私はジョージア州南部で生活していて長年農場の仕事をしてきたと説明し、どうしても行きたいと頼んだ。おまけに、私はカーキ色のズボンに、作業用の長靴をはいていたので、服の汚れを気にする必要はなかった。彼はようやく承服し、丘を下って美しいトウモロコシ畑に向かった。私は感動し、作付の種類と畝の配置、作物の成長時期、使った肥料、収穫の予想時期など、たくさん質問した。彼自身は私の質問に答えることができず、そのたびに妻を振り返り助けを求めた。妻は恥ずかしそうに、自分がやってきた手順を全部説明してくれた。彼女こそ、本当の「ジンバブエの最優秀農民」である。夫は家畜の世話をし、妻が丹精込めた作物の売却代金を回収しているだけだとわかった。

カーターセンターは少額貸付には直接関わっていないが、女性たちが自ら独自のプログラムを立ち上げるのを見てきた。多くの場合、この貸付で、受給者ははじめて夫から経済的に自立し、自分自身や子どもに必要なものを買うことができる。穀物の栽培や加工、あるいは石鹸や手作り品の生産から得た収益で、女性たちは地域で銀行を発足させ、少額貸付を始めた。この仕組みは広く普及していった。アフリカの多くの地域で、女性は農業の主な担い手であり、女性が自ら収穫を管理、保管し、さらに穀物を売ったりすることも、めずらしいことではなくなっている。ロザリンと私は、トウモロコシの収穫が中央市場に運ばれているちょうどそのときに、トーゴ共和国の農地を訪問した。計量も、会計も、貯蔵容器の扱いも、支払いも、すべて女性がしていた。まさに農産物直売所と銀行が合体したような光景だった。彼女たちは長さの同じ釘を並べ、穴空きコインを積み重ね、経理の仕方を工夫していた。釘一本にはちょうど一〇枚コインが収まり、自動的に十進法で集計することができる。また、女性たちはトウモロコシを挽いた粉を、手工芸品と並べて販売していた。精緻で美しい陶器もあった。私たちはいまでも、自宅裏のベランダにつぼや鉢を飾っている。

もし（発展途上にある）世界が高倍率の顕微鏡の下の分子であるとしたら、女性たちが生まれながらの人権を十分に認識し、誇り高く生きることを阻む複雑な網の目の障害が見えるだろう。この網の目の構造には、財産権の保障の阻止、教育を受ける権利の阻止、公正な賃金で十分な生活費を得る権利の阻止、愛情や性的関係、婚姻に関して決定を下す権利の阻止、出産を決定する権利の阻止、医療を受ける権利の阻止が含まれる。さらに目に見えないＤＮＡがこの網の目の構造を手つかずのまま遺伝的に継承するのを確認できるだろう。社会的抑圧、厳格な性役割、同性愛嫌悪、暴力、レイプによって植えつけられる無力感がなくなることはない。結局、こうした障害に向き合う女性だけがそれを押しのけ、自分の人生を変え、自分の生きる社会を変えていくことができるのだ。そういう女性たちを支援することこそが、私たちの使命なのだ。

アメリカ・ユダヤ人・ワールドサービス会長　ラス・メッシンガー

一九七八年に私はサハラ以南のアフリカを訪問した最初のアメリカ大統領となった。私の目的地の一つがリベリアであったのは偶然ではない。リベリア政府は十九世紀初頭に、アメリカの解放奴隷や、アメリカ出身の自由黒人、アメリカで奴隷として売られるために移送中だったヨーロッパの輸送船から解放された人たちによって、樹立された。リベリア大統領のウィリアム・トルバートは、彼が世界バプテスト連盟の指導者だったころからの知り合いだった。私の訪問から二年後に、トルバート大統領と閣僚全員が暗殺され、リベリアは一九九五年にようやく和平合意に至るまで、内戦に苦しんだ。内戦が続く中、ロザリンと私やカーターセンターの代表者たちは、首都モンロビアをはじめ、国土の九五パーセントを軍事政権下に置かれたリベリアを何度も訪問した。選挙実施の可能性が見えたときに、私たちはその進捗を監視した。一九九七年に最強の軍閥リーダーであったチャールズ・テイラーが選出された。テイラーの勝利の一番の理由は、多くの有権者がテイラーの敗北は内戦を再発させると恐れたことだった。テイラーは独裁と圧政で支配し、近隣諸国と戦争をした。テイラーが大勢の女性が率いる反対勢力によって亡命に追いやられたあと、二〇〇五年実施の公正な自由選挙を私たちは監視することになった。選挙でエレン・ジョンソン・サーリーフが選ばれ、アフリカ初の女性大統領になった（テイラーはシエラレオネの特別法廷で戦犯として有罪となり、禁錮五〇年の判決を受けた）。

かつて軍閥に支配されていたリベリアの大部分は中央政府から切り離され、基本的に無法地帯であった。新しく選出された大統領は、人権保護への理解を促進し、市民も地方自治のリーダーも法の維持に責任があるという自覚を促すために、彼女が任命した法務大臣による法システムの地方への普及を手伝ってほしいと私たちに依頼してきた。私たちの計画が進展するにつれて、最も顕著な影響を受けたのは女性たちであることが、ますます明白になった。女性は従来の法律や部族の慣習では、ほとんど保護されていなかったのだ。

レイプは犯罪で、犯人は罰せられること、女性も財産を所有でき、妻は亡夫の地所を相続できること、両親のどちらも子どもの親権を有すること、結婚には法定年齢の制限があること、女性器切除は強制ではないこと、ダウリー（持参金）は贈り物で、結婚が破綻しても返済の必要がないことを、私たちは人々にはじめて伝えようと尽力した。彼らにとってはほとんどが初耳のことで、当然ながら反対もあった。女性たちが権利を主張したこともなければ、与えられたこともない社会だった。

配慮を込めて選んだスローガンは「男性も女性もともに権利と活力を」で、このスローガンのもと、市民演劇を活用し、地域の指導者を教育し、ラジオ放送で、男女平等や性的暴力の問題を論じはじめた。女性たちが演劇やラジオでのディスカッション、男性と同等に討論への参加を促されるのは初めてだった。最も興味深い、しかし部族の従来の指導者にとってやっかいな問題は、慣習による決まりと法による規則の関係だった。法務大臣と地域指導者の支援を得て、カトリック正義と平和協議会とともに、四七人の正義推進の地域アドバイザーを任命した。一七人が女性であった。現在彼らは五つの大きな郡で活動している。これまでに約七千の事例を扱い、そのうちの七一パーセントが解決している。事例のうち、およそ四〇パーセントが家庭内不和で、三三パーセントが金銭や財産の問題、そして一五パーセントが刑事事件であった。地域アドバイザーへの相談は、若い女性たちからが最も多く、単独の問題として最も多いのが育児放棄である。二〇一三年三月の事例のうち、二六九四件が男性からの相談で、二七七三件が女性からの相談であった。四百件の代表的な事例を対象にオックスフォード大学が独自に行った研究では、地域の貧困者を正式な裁判の法廷、行政の事務所、警察署に連れていくのではなく、逆に、正式な法を、低コストですむ第三者の調停と弁護を通じて、慣習の枠組みの中に組み込むことによって、法知識が増進し、賄賂が減少し、地域社会における法の受容が進み、社会的経済的に大きな利益が生まれていると報告している。

さらに意義深いのは、リベリア全国伝統協議会のリーダーのエラ・ムス・コールマンの発言である。「カーターセンターは私たちに何をするべきかは教えてはくれなかった。カーターセンターは、法とは何か、私たちの伝統の一部がなぜ正しくないかを、理解する支援をしてくれたのだ。私たち自身で、そのような習慣を止めたいかどうかを決めよう」。コールマンと族長でありリベリア全国伝統協議会の議長のザンザン・カーワーは、二〇一三年のカーターセンターの人権擁護会議にとも に出席し、リベリアの人々の生活向上の兆しをいっそう支援したいと強く表明した。

私たちは意図的に女性器切除の問題を切り出さなかった。根深い問題であり、あからさまに議論のできることではない。アフリカにはまだこの習慣を終わらせるための法律を施行していない国があり、リベリアもその一つである。しかし女性指導者のあいだでは意見が交わされてきたし、政府や国際ＮＧＯにおいても議論されてきた。これに対して男女ともに部族の人々の反対もある。カーターセンターのパートナーで、女性指導者の代表のママ・トゥマーは、新しい考えを進んで受け入れてきた。トゥマーは自分自身の村で女性器切除の儀式が行われてきた聖なる林を伐採した。つい最近、トゥマーは一五の郡から女性指導者を集め、自分たちでこの問題を議論したところだ。四人の女性大臣が閉会式に出席した。

社会が抱える問題に女性がもっと平等に関わることが、すべての市民の利益になる。一方、男女含めて、現地の当事者に決定権を委ねることで最善の成果が達成されることも明らかである。カーターセンターの職員やアフリカの協力者たちの経験から言えることは、社会的な規範を変える方法はたしかにあるが、この仕事には多くの忍耐が必要で、互いに多大なる思いやりと尊重が必要ということである。

グローバルな基準からカーターセンターが一五年間取り組んできた問題は、情報へのアクセス権である。法律の専門家ローラ・ノイマンが率いるこの取り組みのねらいは、すべての国に対して、国民に十分な教育を授けるように促すことである。自国の政府が法律を通過させて何をしようとしているかを理解する能力は必須である。法律こそ決議の過程を明らかにするもので、公的な財源の使い道を決めるものである。採鉱や森林伐採の契約に使われる用語を理解する能力、有権者一覧が正確で時宜にかなっているか、選挙の結果を把握する能力を国家は国民に授けなければならない。このような情報へのアクセスは基本的人権の一つであり、世界人権宣言の第19条に、「すべての人は、……情報を求め、受け、伝える権利を有している」と記されている。同じことが、市民的及び政治的権利に関する国際規約にも、アメリカ人権条約にも、ヨーロッパ人権条約にも繰り返されている。ガーナ、ペルー、ジャマイカ、コスタリカ、中国の各地の集会や、アトランタで開催された国際フォーラムに私は出席し、この人権問題について議論した。情報へのアクセス権をもてば市民は指導者への信頼を深め、行政の効率と効果を高める。そして天然資源が有効に活用され、潜在的投資家への信用も増すことになる。さらに情報へのアクセスが可能になれば、選挙をはじめ公共のことがらへの積極的な関わりを市民が望むようになる。

このような権利が法的に保障されている国でも、隅に追いやられ、貧困に打ちのめされ、教育をほとんど受けることのできない人々は、残念ながら、基本的な情報へのアクセスをほぼ絶たれている。とくにこのことは女性に顕著である。国連ミレニアム開発目標の二〇一一年の報告にあるように、女性は労働の六六パーセントを担いながら、世界の貧困層の最大の集団である。貧困生活を強いられている一三億人のうち、七〇パーセントを女性が占めていると推計されている。小学校に通うことができるのは、男児よりも女児のほうが少なく、女児のほうが貧困や労働のために学校をやめることが多い。この傾向は中等教育になると、さらに強まる。二〇一二年の「世界教育ダイジェスト」は、非識字者の六六パーセントが女性であるのはこのためであると結論づけている。女性は相対的に貧困で、読み書きができず、移動も制限されている。議会においても女性議員の数はかなり少ない。これらの事実が、女性が情報の欠如による不利益に苦しみ、その結果、政治の腐敗に苦しんでいることを物語る。国連開発計画と国連女性機関が行った研究は、「『小売り』の汚職」（基本的な公共サービスが売り渡されるような場合）は、とくに貧しい女性に打撃となり、「女性や女児が性的行為によって賄賂を支払わされることはめずらしくない」と述べている。悪循環の中で、女性はなかなか役人に訴えることもできず、腐敗の影響を受けやすい。しかし女性たちはわずかな収入しかないので、賄賂を払うこともできない。その結果、女性は基本的な行政のサービスすら受けることができない。さらに家族の世話もあって、社会的腐敗からの保護を求める時間の余裕がないことが多い。

国際機関や国内、地域の機関には女性への虐待を公表し、終息させる責任があるが、そうした機関の情報に女性がもっとアクセスしやすくならない限り、女性や女児に対するその他の不正（奴隷的な扱い、女性器切除、児童婚、レイプ）の多くも減らすことはできないという結論を私たちは出した。自国の法律が何を保障しているかを知らなければ、女性やその擁護者が法的な権利を求めることも困難である。私たちはリベリアとグアテマラで、どの程度国際的な基準が達成されているかを調査している。リベリアはジョンソン・サーリーフ大統領の指揮のもとで、かなりの進展を見せているが、グアテマラは透明性がかなり欠けている。

グアテマラの幹部官僚たちは、私たちの取り組みへの協力に同意している。二〇〇八年から二〇一一年にかけて、レイプや性的虐待の公的な被害届が三四パーセント増加した。推定では五〇パーセントの女性がドメスティック・バイオレンスの被害を受けている。二〇一三年の上半期だけで、どの年の年間件数よりも多くの女性が殺害された。女性に対する暴力事件の一〇件に一件しか加害者は罰せられていない。私たちの調査では、面接をした七五パーセントの人が、女性のほうが男性よりも公的な情報を得にくいと答えている。その原因は、女性が情報を求めることに臆病なこと、報復を恐れていること、情報を活用する意識が欠如していること、移動の機会が少ないことである。たとえば、二〇一三年のはじめの頃の私たちの調査期間中に出生届に来た九〇パーセント、事業登録に来た八〇パーセントが男性であり、男性は女性よりも迅速に、対面で公務員からの援助を受けることができる。女性たちは大半がなおざりにされている。

リベリアとグアテマラの調査で、私たちが尋ねる基本的な質問は次のようなものである。

教育に関して　教育方針、学校予算、カリキュラム、給食、奨学金についての情報に女性はアクセスできますか。

土地所有に関して　土地政策、土地の所有や相続の権利についての情報に女性はアクセスできますか。女性は地権をもつことができますか。

起業に関して　営業許可を得るための情報に女性はアクセスできますか。小規模事業を始めたり維持したりするための手続きを女性がすることはできますか。女性がお金を借りることはできますか。税や輸入、あるいは商取引を定めた法律を女性は知っていますか。

農業に関して　借地料、種子、肥料、灌漑用水、あるいは収穫期の市場価格についての情報に

女性はアクセスできますか。

この調査を終えたら、国際会議や地域会議を開催し、市民として女性が平等に扱われることを妨げている障害を減らすために、女性の情報へのアクセス権の向上を図る最善の手立てを考えたい。

第9章

人権のヒーローから学ぶこと

さまざまな国で、他の団体とも協力しながら私たちが続けている活動の最終目的は、さらなる人権の促進である。カーターセンターで何年も開催を続けている人権擁護フォーラムに、国連や主だった十数の人権団体からの出席者を迎え、緊急対応を要する問題を議論してきた。恒例になっているのは、圧政を敷く国から約四〇人の英雄的な人権活動家を招き、彼らが私たちの活動に参加できるように全力で支援することである。私が個人的にあいだに入っても交渉は進まないこともあるが、人権活動家に注目が集まることによって、たとえ国外に出ることを許されなかったとしても、何らかの助けになることもある。人権活動家たちの会議に出席できる人々は、互いに方策を学び、直面する困難について規制を受けずに率直に議論することによって勇気を引き出せる。私たちは毎年アトランタのＣＮＮで円卓会議を開催し、参加者のうちの主要メンバーがワシントンに行き、アメリカ連邦議会の議員や行政機関の幹部と会談を実施してきた。

数年にわたって人権活動家がしだいに強調するようになったことは、アメリカが提示する事例の影響がますます大きくなり、法の統治や人権擁護への関与も経験も十分ではないままで、各政府がアメリカに倣おうとしているということだ。たとえば、アメリカの掲げる「対テロ戦争」は、ケニア、パキスタン、エジプト、ナイジェリアのような国で誕生した政府に、国家の安全というあいまいでどのようにでも解釈できる大義を用いて、禁止されたはずの拷問や適正な手続きのない無期限の拘留を行うことを許してしまっている。私たちは二〇〇三年に「自由の最前線を強化するために――対テロ戦争における人権擁護」と題するセッションを開催することにした。テロ行為の被疑者を無期限に収容する目的でグアンタナモ基地内に拘留施設が設置されたというニュースは、世界の大部分がイラクへの不法侵害とみなした状況とあいまって、国際法による規定と世界人権宣言を守る新たな取り組みを始める必要があると多くの人に思わせた。

そのときのフォーラムは「アトランタ宣言」を表明し、すべての政府に対して、国家の安全政策と、拷問の絶対的な禁止、適正な法手続き、自由を奪われたあらゆる人への公正な裁判、ジュネーブ条約をはじめとする国際人道法の順守などの人権尊重を両立させるように呼びかけた。この難題について、私は『危機にある価値』という本を書き、二〇〇四年には民主党全国大会でスピーチをし、人権と民主主義の理想のチャンピオンとしてのアメリカの立場を早急に立て直すべきだと訴えた。カーターセンターは女性の権利の問題を個別の関心ではなく、すべての取り組みの鍵となる重要な要素と考えているので、フォーラムにも女性の活動家が入っている。戦中も、戦後も、女性が最も苦しみ、平和推進においても、対立の時代の若者の過激化阻止においても、中心的な役割を果たすのが女性である。

二〇〇三年のフォーラム期間中に、アフガニスタンの偉大な指導者の一人、シマ・サマル医師は、「民主主義、人権、女性の権利の名のもとに」戦争をすれば、国際的な連合諸国は過激派を増長させるという見解を表明した。シマ・サマルはアフガニスタン初の女性医師で女性大臣でもある。信頼できる合法的で民主的なアフガニスタン軍の支援によってのみ、進展が可能で、過度の軍事介入はこの目標を台無しにするとサマルは主張した。それから何年も、サマルは、民間人犠牲者の増加、殺人を意図とした夜襲作戦、無人の攻撃機による殺戮、バグラム空軍基地やグアンタナモ基地の収容施設の状況を反映するかのようなアフガニスタン人の無期限拘留に対して、しだいに強い警告を発した。残念ながら二〇〇三年に議論した問題の多くがまだ解決されていない。その後私は『ニューヨークタイムズ』に論説を書き、アメリカはいま世界人権宣言の三〇条項のうち少なくとも一〇の条項に違反していることを詳細に述べた。

二〇〇七年には「信仰と自由」をテーマに人権擁護フォーラムを開催した。そこでは、宗教指導者と社会が人権擁護によってさらに大きな力を発揮する方法を検討した。非宗教の人権擁護団体の中には、宗教との連携へのためらいもあるようだった。宗教を理由とする抑圧の歴史はよく知られているし、宗教を超越すると思われる世界人権宣言のような世界的合意を基本理念とする人権活動家にとって、宗教はデリケートな問題である。私たちは宗教信者や指導者からの抵抗も受けた。宗教者たちにとって、人権の概念は集合的なものではなく、一人ひとりの幸福に焦点を合わせて認識されるものであるからだ。そして私たちは、宗教者や宗教組織は、人権という概念を、同性愛や人工妊娠中絶の権利と自動的に結びつける傾向が強いことをどうにか理解した。だから宗教者たちは人権擁護運動と密接に関係することを逡巡《しゅんじゅん》した。

このような障害はあったものの、会議は大きな成果を収めた。そして私たちは、どうすれば宗教が平等と万人の尊厳実現のために大きな力になれるかを熟考しはじめた。この模索を通して、等しく宗教的指導者にも、宗教団体にも、信者にも、女性に平等の権利があることを完全に受け入れてもらうことが最大の難問であるという結論に至った。もう一つの結論は、ますますひどくなる暴力の容認によって引き起こされている難問に向き合わずに、女性の権利剝奪の問題を訴えることはできないということだった。一〇年を隔てて開催された二つのフォーラムは、世界的な人権擁護の新たな取り組みと不必要な暴力の終結が、人類が戦争と貧困と抑圧の悪循環から逃れるには絶対に必要だという、同じ結論にたどりついた。

この一連のフォーラムやカーターセンターの活動によって、喫緊の課題は、女性と女児の権利への根強い侵害であるとの認識が深まった。二〇一一年のテーマは、女性の権利だった。イスラム教国からの参加者も大勢いて、次の開催地の一つにイスラム教社会を勧めてくれた。

イスラム社会において、世界で尊敬されている著名な男性が女性にどのような態度をとるのか、もっとよく理解したいと私は思った。そこで私は、一九八八年にノーベル文学賞を受賞したエジプトの作家ナギーブ・マフフーズを思い出した。アンワル・サダト大統領が一九七九年にイスラエルとの平和条約を調印し、イスラム世界から広く批判されていたとき、マフフーズは先頭に立ってサダト大統領の決断を擁護した。サダト大統領と同様、マフフーズも一九九四年に暗殺者に襲撃され、重傷を負った。その一二年後にマフフーズは亡くなっている。私は『ノーベル賞受賞者の作品から引き出す人生の知恵』というマフフーズの本を手に入れた。編集者は「偉大なる作家の作品から抽出した引用句」と述べている。それらの引用は、困惑するところもあるが、魅力的なコメントでもあった。進歩的で思慮深いイスラム知識人と私が認識している男性の視点から述べられた言葉であった。

現代の女性は人々とよい関係を保つ力がない。かつてのレディはどこにいったのだろう。
男性が女性を堕落させるが、男性がすべての女性の守護神であるわけではない。
結婚は人生の勝ち目のない戦いにおける究極の降伏である。

結婚の利点は、性欲を満たし、肉体を純化してくれる点にある。結婚は大きなごまかしに過ぎない。オリーブオイルの味のする妻も、数か月で一服のヒマシ油に変わる。

女性にはイデオロギーも哲学もない。これはイデオロギーや哲学が、現実の活気ある活動の妨げになることを証明している。女性は創造にしか関心がない。すべてがつながる。女性は美しい創造者であり、創造が女性の人生の中心である。他のあらゆる活動は男性のすることで、支配に必要な活動である。創造に必要な活動ではない。

常軌を逸した主婦がいるのと同様に、尊敬に値する職業婦人もいる。

女性の愛は政治劇のようである。その目的の高潔さは疑いようがないが、誠実さには疑問がある。

子どものいない女性は、酔うことのできないワイン、香りのないバラ、信仰の裏づけのない崇拝のようだ。

彼の本の締めくくりで、私は次の引用を読んでほっとした。

女性解放は平等の権利と義務に限らない。社会的、文化的領域と同様に、政治的、経済的なことにもしっかり参加するのが女性解放だ。

世界的に著名なイスラムの作家によるこれらの言葉は、現代のあきらかに宗教色の薄れた社会にさえも、女性や、家族や一般社会で女性が担う役割を嘲笑する傾向があることを示している。

コーランにおける男女平等は明らかである。しかし私は男性に助言したい。平等の問題に関しては、ときには沈黙によって、男性が女性を支える必要がある。

シャイフ・オマル・アーメド・ティジャニ・ニアス
ティジャニ・スーフィー・イスラム教団の精神指導者

私たちは二〇一一年の民衆蜂起によるエジプトのホスニ・ムバラク大統領の辞任をつぶさに観察し、カーターセンターではその後の国会議員選挙、大統領選挙、新憲法制定を見守った。私がはじめてムハンマド・モルシ博士に会ったのは、彼がカイロ近くのザガジグ大学の工学部長のときだった。やがて彼が民主的な選挙によるはじめての大統領になるとは、当時は二人とも夢にも思わなかった。大統領就任後の数か月のあいだに、モルシは私に、エジプト・イスラエル平和条約の条項を尊重し、エジプト側が変更を望む場合も、イスラエルと平和的に交渉することを約束した。もう一つ私たちの意見が一致したのは、女性の権利だった。モルシは私に、アル＝アズハルのグランド・イマームが設立した委員会とともに、イスラム社会での女児及び女性の地位に関する方針を打ち出す声明を作成していると述べた。グランド・イマームは一二万人の学生を擁するアル・アズハル大学の学長で、スンニ派イスラム教徒の精神的指導者だった。

その後私はエジプトを何回か訪問しているが、グランド・イマームのアフマド・エル＝タイエブに会う機会があった。彼は社会における基本的自由についてはきわめて穏健派で、ジェンダー問題に関する公式声明の作成に熱心に取り組んでいた。二人だけで話し合ったあとは、話題を広げて話し合うために、彼はいつもカイロのキリスト教各派の指導者を十数人招いてくれた。キリスト教のリーダーたちは女性の権利に関するアル＝アズハル声明には関与していなかったが、イスラム教徒が国民の九〇パーセントを占めているので、キリスト教徒にもおそらくイスラム教が表明する方針は影響する。イスラム教国の多くは女性の権利に敏感であり、モルシ大統領やグランド・イマーム、それにコプト教会教皇の支援も約束されていることから、私たちは人権擁護フォーラムの年次大会を二〇一三年六月にエジプトで開催する計画を立てた。そして政府当局は開催を認め、支援を確約した。

エジプトの軍部は新政府の権限を認めているようだったが、軍部がほぼ六〇年間エジプトを支配してきたし、最高裁判所の裁判官もすべてムバラク元大統領によって任命されていた。これらの裁判官たちが、入念な監視のもと首尾よく実施された国会議員選挙の無効を宣言したのだ。警察はなぜか街頭の秩序をうまく維持できなかった。軍事目的を除いて、ほんのわずかしか外国からの援助は導入されなかった。こうした状況にあって、モルシ大統領は頼りにならない指導者ということになり、ますます自身の所属するムスリム同胞団の仲間に助力や助言を求めるようになった。反対勢力による大規模な一般市民デモがあり、二〇一三年七月の軍のクーデターによってモルシは政権を追われ、逮捕された。そしてすべての権限は軍部に戻った。

街頭デモの恐れがあり私たちが計画していた人権擁護フォーラムの開催地を、やむなくカーターセンターに変更した。ゲスト全員に連絡を取り、アトランタに来てくれるように頼んだ。ほとんどの人がそのように対応してくれた。テーマは「女性のための信仰の結集」で、世界中の主要な宗教の代表と各地域の代表が集まった。キリスト教ではプロテスタント、カトリック、コプト教が、イスラム教ではスンニ派、シーア派、スーフィーが、さらに保守派と改革派のユダヤ教、バハイ教、部族の伝統宗教など、さまざまな宗教指導者が参加した。レイプや奴隷制、幼児婚、女性器切除、経済的社会的搾取、その他の性的虐待に活動の焦点を当てている団体の活動家も参加した。

集会の前に、私は『ハーフ・ザ・スカイ』を読んだ。ニコラス・クリストフと妻のシェリル・ウーダンによるすばらしい本で、題名は毛沢東の「女性が空の半分を支える」という言葉に由来する。クリストフとウーダンは、女性ゆえの迫害に苦しむ苦境を進んで語ろうとした何百人もの勇気ある女性や女児たちにインタビューしている。彼女たちは死の危険を冒して自分たちの人権のために闘うこともある。ニコラスはときどき私たちといっしょに、平和と自由を促進し、女性や子どもに大きな被害を与える病気の予防をしているカーターセンターの活動の視察に回っている。ニコラスとシェリルは私の知る誰よりも、女性の権利の拡張に貢献している。

フォーラムの会議で、キリスト教徒が現代社会にそぐわなかったり、同意できない聖書の記述から逸脱するほうが、イスラム教徒がコーランの同様の部分を無視するよりも容易であることがわかった。キリスト教社会でもイスラム教社会でも、女性をどのように遇するかという点では、世俗の習慣はさまざまである。

私たちは会議参加者から、女性や女児の地位に関して、宗教、地域の情報をできるだけ集めた。エジプトの派遣団は、グランド・イマーム、コプト教会の教皇、アレキサンドリアの国立図書館、そして女性活動家たちの代表であった。女性の権利に関するアル＝アズハル宣言の最終版は政治的な混乱から提示されなかったが、私たちは作業中の草案は見ることができた。とても励みになる草案だった。前文の引用が、その基調を伝えてくれるだろう。

女性の地位、女性の権利、及び自分自身と家族と社会に対する女性の義務に関するイスラムの考え方は、男女両性に向けられた裁定や協定の元である法の原理と原則となる法律を象徴する価値観に由来する。つまり、男女ともに平等で理解しあえるという人間観であり、個人、家族と社会の幸福と安定を達成することを目的とする。

……現在の女性の地位は保護する必要がある。だからこそ、この公文書の必要性がある。なぜならば書面で定めることが、社会を改革し、近年の社会的風習も含めて、明確な聖典の根拠や適切な法律に基づかない間違った慣習から社会を浄化するためには最も重要な要素であるからだ。このような誤った慣習は、男女に不正と苦痛をもたらすが、その痛みはより重く女性にのしかかる。

「上級宗教者委員会は、外部からのいかなる抑圧も受けず、短期的な政治の方向性にも影響されず、この文書を定める」との言葉のあと、次のように述べられている。

これはイスラムの伝統を尊重する立場を基にしている。イスラム原理も、イスラム各派も、イスラム独自の価値と論理に従って、この伝統を守りながら刷新に取り組む。このような価値と裁定は、アラブの後進的な女性観と女性を人間とは認めない中世ヨーロッパの宗教観がある中で、イスラムがその古典時代において、世界的規模で飛躍的な女性解放を行ったことの象徴にほかならないことを思い起こしてほしい。このような考え方と実践された原理は、イスラム文明の黄金時代に遂行された。つまり、イスラム教徒の女性は、欧米の女性たちよりも千年前に、経済的な独立、財産相続の権利、自分に適した仕事に就く権利、制限なく教育を受ける権利を享受したのだ。実際、多くの指導者は著名な女性の学識者とともに学び、また女性には、夫を選ぶ権利、家庭を切り盛りする権利があり、万が一うまくいかなくなったときには、離婚や別居を要求する権利があった。だからこそ、イスラム社会には家族の諍《いさか》いはないし、他の社会で起こった女性解放を求める社会運動もなかった。

グランド・イマームは「短期的な政治の方向性」にまったく影響されないと私には思われる。グランド・イマームの強い期待は、合理的かつ精神性のある文言として最終的な文書を公表することである。イスラム教の男女の権利に関するバランスのとれた考え方は、コーランの教えを現代に応用したいと考えている宗教指導者にも、宗教以外の指導者にも、有益な働きをするだろう。しかしながら、グランド・イマームは全イスラム教徒の八〇パーセント以上の精神的指導者であるものの、社会的関係については、イスラム国家の政治指導者が、グランド・イマームの声明や宣言に縛られることはない。

エジプトの女性はいつでも社会の変化を求める準備ができているが、文化はまだ女性を対等とみなす準備が整っていない。私たちはまず学生や宗教指導者に考えを改め、コーランを読み直し、男女平等を理解するように働きかけなければならない。一人のイスラム教徒として、イスラム教はアラブ世界における革新的フェミニズム運動とともに歩んできたと信じている。しかし、いま私たちの目の前にあるのは、きわめて家父長的で保守的なイスラム教の解釈であり、この考え方が広く普及している。宗教指導者は宗教の本質に立ち返ってエジプトにおける女性の権利と正義を支援し、女性の権利運動を導かなければならない。平等と民主主義はイスラムの根幹である。多くの制限があるにも関わらず、エジプトの街角で、あるいはナイル川上流の田舎で、女性たちは活発に活動している。彼女たちは自分たちの声を聴かせようとしている。彼女たちは取り残されることを拒否しているのだ。

イスラム教フェミニズム及び非宗教フェミニズム研究者
カイロアメリカン大学准教授　リーハム・バヒ

一九八二年にロザリンと私がカーターセンターを設立したとき、エモリー大学のキャンパスに研究室をもっていた。私は教育に携わり、通常の講義も担当していた。大統領記念図書館の設立を計画し、資金を集めていた。そして私の大統領時代からもち越した問題を議論するために面会を求める人々を迎え入れていた。あるとき、アメリカのコプト教会の聖職者から面会の申し込みがあった。驚いたことに、二十数人もの聖職者たちが私の研究室に入ってきた。全員が厳粛な黒いローブとフードを着ていた。コプト教の教皇シェヌーダ三世がエジプトの砂漠にある修道院に軟禁され、世界中のコプト教会が深刻な機能不全に陥っているとのことだった。コプト教は大聖堂から発せられた指示の場合のみ、公的な活動が正当と認められるのに、教皇が大聖堂に行くことができないのだ。

私は支援を約束し、調べてみると、軟禁命令にはムバラク大統領も合意していることがすぐにわかった。ムバラク大統領がサダト大統領に選任された副大統領であり特使であった頃から私は彼をよく知っていた。私はムバラク大統領に電話をかけて、同じキリスト教徒としてコプト教会の人々の力になりたいと話した。教皇は一九八五年一月に軟禁を解かれた。私は長い歴史のあるコプト教徒の信仰や習慣に興味を抱くようになった。その後は中東訪問の機会があるときは、コプト教の指導者に会い、圧倒的にイスラム教が占める地域で、少数派としてコプト教徒たちがどのような特別な問題を抱えているのかを理解しようと努めている。

人権擁護フォーラムに参加したコプト教徒の中で、女性は二人だった。一人は精神科医で、もう一人は大学教授だった。二人は私に『女性たち』という題のコプト教の冊子をくれた。その冊子には、宗教においても日常生活においても、女性は男性と対等であるという前提がまとめてあった。ただし、例外は教会の指導的立場だった。これを読んで、女性を司祭や助祭に任命することを禁じているローマカトリック教やその他のさらに正統派のキリスト教の方針が理解できた。私は男女の区別に賛成できないが、ここに重要な部分を抜粋して載せておきたい。同じキリスト教を信仰する仲間の多くが信じていることであり、興味深い説明もあるからだ。

全体的にはこの冊子は聖書から抜き出された性差別に反対している。冊子は聖書が説く男女の平等を説明する。そして家庭生活で増減する女性の役割の変化を示すために経済の歴史をなぞっている。冊子は次のように始まる。

人は二度創造される。最初の創造は創世記（一章二十七節）にあるように、「神は自分のかたちに似せて人を創造した。神のかたちに創造し、男と女に創造された」。二番目の創造はイエスによって語られる。「よく、よく、あなたに言っておく。人は水と霊から生まれなければ、神の国に入ることはできない。肉から生まれるのは肉であり、霊から生まれるのは霊である」（ヨハネによる福音書、三章五節、六節）。最初の創造は肉体的なものであり、男性と女性の明確な区別がある。しかし、男も女も神のかたちを表しているのだから、どちらかを優遇したのではない。二番目の創造には男女の区別はない。というのも、純粋に精神的な創造であるからだ。「男も女もない。あなたがたは皆、キリスト・イエスにあって一つだからである」（ガラテヤ人への手紙、三章二十八節）

コプト教の著者はさらに、時間をかけて家庭において男が支配権をもつようになったのは、男のほうが狩猟や重い荷物の運搬や、弱い女や子どもを身体的に保護することに適していたからだと説明する。機械が導入されたとき、女たちは機械を「恐ろしくて危険なもの」と思った。機械操作の責任能力は肉体的な強靭さを必要としないから、実際は、機械の力は男の力に代わるものであったが、男たちは自分たちの強さと権威の確立のために機械の力を利用することになった。この時点で女たちは目覚め、自分たちの受動的な生き方のせいで失われた権利に気づく。そして、神の祝福は創造において男女に平等に授けられ、男女が一つの目的のために仲良く協力して働くならば、権威は男女に平等に与えられているという、聖書の起源の言葉の中の真実を明らかにする。女性が生計を立て、学習し、雇用獲得に必死になり、長いあいだ男性だけに達せられた基準を女性が達成したとき、平等は証明された。「あらゆる分野で女性の成し遂げた成功は、女は男に劣るものとして創造されたという間違った信仰のために諦めていた権利を、すべて女性の手に返した」

先に引用したパウロからガラテヤ人への手紙の説明の中で、冊子は「パウロは慎重に『マン（男）』と『ウーマン（女）』ではなく、『メイル（男性的）』『フィーメイル（女性的）』という表現を使い、区別や差別につながるニュアンスを排除しようとしている。……女性がキリストと一つになるならば、女性はキリストにつながる男性とまったく同じである。そしてキリストにおいて男性と女性が一つになるならば、その男女はキリストにおいて完璧な人間である。……さらに聖霊は最初の創造の美しさを消すのではなく、不完全さを取り除き、元来の完全性を回復する」と述べている。

たとえば「毎日、朝の祈りで、自分が『女にも、ライ病患者にも、汚れた非ユダヤ教徒にも』生まれなかったことを神に感謝する」熱心なパリサイ人のように、ユダヤの指導者たちは女性を低くみなしていたが、新約聖書は多くの箇所で、イエスがそれを無視する様子を描いている。イエスは姦通の罪で死刑の判決を受けた女性を赦し、差別された民族の中でさらに差別を受ける女性の差し出す椀に口をつけ、対等であることを示し、最初に知られた福音伝道者の一人として彼女を村に送った。また「どこにでもイエスに従い、できる限りの方法でイエスに仕えた」女性たちの誠実な支えを評価した。イエスに追随した女性たちについて、その宗教冊子は、こう述べている。「女性たちの外見や、家を離れて群集の中をおおっぴらに歩く姿は、イスラエルでは重大な出来事であった。なぜなら、女性に関するユダヤの伝統を捨てることを意味していたからだ。そしてそのことが、イエスに対する公式の不満を部分的に形成することになり、その結果、イエスは十字架にかけられた。『私たちはこの人が民を惑わしているのを見た』」（ルカによる福音書、二十三章二節）

キリストに従った人々がペンテコステ（聖霊降臨）で聖霊に満たされているとき、「これらの人々皆、女性たち、とくにイエスの母マリア及びイエスの兄弟たちとともに、心を合わせてひたすら祈った」（使徒行伝、一章十四節）と聖書にある。この冊子は次のように述べている。

聖霊が男たちと同様に女たちにも降臨し、男たちを満たすのと同様に女たちを満たしたことは、女も恩寵《おんちょう》に入り、神の国では女に男と同等の権利が与えられているということの、最初に示された永遠の証である。……人類が単純な技術と限られた知識しかもたなかった自然法の時代に、女たちがどのように卑しめられ、疎外され、虐待されてきたかを、神は了解していた。人間社会が奴隷の手にはめるように女の手にはめた枷《かせ》を、神自身が率先して、切り離そうとしたのである。

コプト教会の冊子では、女性は頭を覆わなければならない、髪を切ってはならない、宝石を身につけてはならない、公式の礼拝で口を開くことも、指導者の立場をとることも控えなければならないという使徒パウロの宣言を、地域的な騒乱に対応するために発せられたものだと説明している。初期の特定の教会では、不作法で野放図な女性が礼拝で騒ぐこともあった。パウロは、ローマ人への手紙の中でも引用されているが、そこでは初期の教会における偉大な女性たちを列挙している。使徒としての使命をともに果たす仲間について述べるときにパウロが使うのは、テモテやテトス、エパフロデトも含めて、「同僚」という表現である。他の手紙では、パウロはユウオデヤとスントケについて触れ、「真実の仲間であるあなたがたに、二人の女を助けるようにお願いする。彼女たちは『いのちの書』に名を書きとめられているクレメンスや、その他の仲間たちと協力して、福音のために私とともに戦ってくれた女たちである」（ピリピ人への手紙、四章二節、三節）と述べる。コプト教会の冊子は、「ローマ法王になるクレメンスよりも先にユウオデヤとスントケの名前が挙げられていることは、注目すべきことだ」と書き加える。

この興味深い冊子は、司祭から女性を排除するコプト正教会の方針を合理化することで、次のように女性の地位の分析を結論づける。「使徒の妻は、使徒が担う使命を女性たちへの奉仕に関して補完する使命を抱いて使徒につき従った。聖霊の贈り物によって男性の預言者が現れたように、女性への奉仕のためには、女性の預言者が教会のなかに現れた。年長の男性、あるいは特別な聖職叙任のないすべての者と同様に、女性の年配者たちは教会に奉仕した。つまり、男性の助祭とともに、特別な聖職叙任のない女性の助祭が女性たちを導いてきたといえる。言い換えれば、男性が担ってきた奉仕のすべてに対して、女性に割り当てられた仕事があるのだ」。私の視点からは、この議論は、新約聖書で顕著な働きをする女性たちが、男女ともに助けたことを無視しているし、男女それぞれの礼拝を行う分離した教会があるべきで、女性や女児が出席する礼拝は女性の使徒や司祭、助祭、司教が執り行うべきだという非現実的な結論を引き出すことになる。神への奉仕における女性の対等性への問いには賛否両論の議論があるが、それを私たちの世俗の社会における女性への差別や虐待に当てはめる正当性は微塵もない。

この神学上の議論は、女性の適切な処遇に関して、コプト教会のなかでも、キリスト教全体でも、続いていくと思う。そして私は、イエス・キリストの言葉と行いが最終的に力を発揮すると確信している。

私たちは世界中の宗教指導者に、女児や女性の基本的な権利を促進するために、ゆるぎない姿勢で、一体となって声を表明することを呼びかける。これは宗教史において最も重要な運動の一つになるだろう。そして私たちの社会に平和と幸福をもたらすだろう。これは、この世界をより生きやすい場にしようとしている真摯な宗教指導者すべての責任である。カーターセンターは、宗教指導者と良心をもつ人々が、この目的のために協力できるように援助する。平等と正義、対話と平和を進展していくために、文化、国家、大陸を超えて、私たちの努力が普遍的なことを証明するために、持続可能な方法で、困難ではあっても必要な取り組みを援助する。

セネガルのトスタン（NPO）の児童保護官
イスラム教の人権スペシャリスト
シェイク・ムハメド・シェリフ・ディオウプ

人権擁護フォーラムには、ユダヤ教の参加者もいた。ユダヤ教にも同様の歴史的な流れがあり、聖書のさまざまな解釈をめぐって宗教学者が激しい議論を交わしていることを紹介した。超正統派のハレディームの立場は、私が知事としてはじめてイスラエルを訪問したときから劇的に変化している。その主な理由は、彼らの高い出生率である。ハレディームはいまイスラエルの人口の約一〇パーセントを占め、現在の出生率が続くならば、三〇年後には三〇パーセントに達すると予測されている。もともと政治に巻き込まれることを拒否している人もいたが、やがて影響力が増大するにつれて、多数の政党を結成するようになり、イスラエル独自の議院内閣制においては、議会で与党が多数派を占めるために、これらの比較的少数の政党も抱え込むことが必要になる。これが二〇一三年一月の選挙の激しい論点になった。この選挙で政界にはじめて進出した中道政党「イエシュ・アティド」が、驚くことに第二党に躍り出た。評判を得た政党の公約の一つが、ハレディームの特権を部分的に排除するというものだった。女性の自由を制限するハレディームの政策によって、この問題は以前からある程度人々の関心を集めていた。

イスラムの超正統派には暗黙の了解で、自分たちの地域での自治がずっと認められてきた。比較的狭く、区分けが明確な地域に住んでいるあいだは、まず問題はなかった。しかしハレディームの人口が増え、ユダヤ教の各宗派がコミュニティに入り込んでくると、ハレディームは街の通行人や登下校する学生にまで、厳格な服装規制を強制するようになり、その結果、伝統的ではあっても、ハレディームの厳密な教派からは淫らとみなされる服装に身を包んでいる老若の女性への批判、あるいは身体的な暴力を引き起こした。大きなポスターで、女性たちに「適切な」服装をするように警告し、正統派ではない女性を後部座席に座らせるバスや、そもそも乗せないバスもあった。女性や女児の映像が禁止され、超正統派の男性の中には、親族以外の女性に近づいたり、公共の場で女性の歌や話を聞くことも不適切だと考える者もいた。これは社会的な対立を引き起こしている。とくに軍関係者には問題である。嘆きの壁で礼拝を望む一部の女性の主張も、さらに個人的な対立を生み、いま裁判で争われている。

イスラエルにおけるこうした各宗派間の接触は、ますます深刻になっている。そして現在では多くの場合、裁判で解決している。初期の判決の中には、女性の権利に好意的なものもある。基本的な問題はなお未決定で、その解決には、超正統派の信者の特殊な立場をどうするか、超正統派が近隣のさまざまな信仰をもつ人のなかで自分の信仰を実践することが認められるかに関して、議会が検討を重ねている画期的な法案の成立を待つしかない。ますます多くの女性が立候補し、議席を占めてきている。いまでは議員の二三パーセントが女性である。ただし、超正統派の政党には女性議員はいない。超正統派の家庭で、妻や娘が政治的、あるいは個人的な権利をさらに要求していることを示す証拠はほとんどない。超正統派の家族の女性の六〇パーセントが労働に携わり、一方で四五パーセントの男性しか仕事をしていないというのは興味深いことである。超正統派の敬虔な家族が生活するために、特別な政府の給付金もある。

キリスト教徒やイスラム教徒と同様に、ユダヤ教徒も、女性の基本的人権は、男性がどのように聖書の意味を解釈し適用するかに左右されることに気づいている。自分たちの母親や妻や姉妹や娘が、自分たちの信じる神の目に、異なる劣った存在として映ると考えるのであれば、この宗教的な姿勢が社会にも浸透し、皆が苦しむことになる。

イスラム国家における女性の権利の剝奪にどのように向き合うのが最善で、どのように解決を図ればいいのかを理解するのは、アメリカのキリスト教徒である私には難しい。人権擁護フォーラムでは、私たちは熱心にさまざまな宗教や地域の参加者の発言に耳を傾けたが、要望のない限り彼らの問題に積極的に関与するのは控えた。最も有能で勇気ある参加者の一人が、マレーシアの女性人権活動家のザイナー・アンワールだった。彼女はコーランの実際的な教義に関心をもち、イスラムの聖典が最も頼りになる拠り所であると強調した。「私の宗教がゆがめられ、家父長制と女性への差別、抑圧の正当化のために利用されていることに憤りを覚える。これは正しい神、正しいイスラム教として私の信じるものとは完全に矛盾することだ」とアンワールは言う。

聖書のゆがんだ解釈を利用して女性を抑圧する問題は、欧米諸国では最近ようやく注目されるようになったが、マレーシアではこの問題への取り組みは一九七〇年代に始まっていた。女性が高等教育を受け経済的に自立するようになり、宗教指導者の中にはこれを自分たちの権威に対する脅威だとみなす者もいた。そういう状況のときに、アンワールは活動を始めた。一九八八年にアンワールは「イスラムの姉妹（SIS）」という団体を結成した。SISは政府に性差別的な法律を改正するように請願し、主要な協議会を組織して、女性たちに既存の法律について教育し、そこにはイスラム教と矛盾するものがあることを教えている。そして自分たちの信念と活動を公表している。SISはコーランの元の教えに立ち返り、イスラム教には女性を男性より劣るとみなす偏見がないことを証明している。アンワールは、「私たちの多くは、イスラム教が女性に対して抑圧的なのかどうかを見極めることが重要だとの結論に至った。私たちが教えられて育ったイスラム教は、そういうものではないからだ」とアンワールは説明する。

SISの女性たちは、欧米で用いられてきた人権の方策に頼るのではなく、コーランに記された元の教えと平等のメッセージに焦点をしぼることを選んだ。SISの会員たちは、「イスラム教では、すべての人が平等に扱われる。他の者よりも優先される者はいないし、たしかに、誰かの折れたあばら骨から生まれた者は存在しない。コーランでは、創造はつねに対として語られる。対の両方が平等に創造され、両方が同時に創造され、どちらかがどちらかの派生であることはない」と指摘する。ＳＩＳが他のイスラム国においても信頼と感謝を得ていることは驚くことではない。多くの地域でイスラム教徒の女性たちと活動をしているＮＧＯ「女性の学習のパートナーシップ」幹部のラクヒー・ゴヤールは「ＳＩＳはマレーシアだけではなく、イスラム教徒が多数を占める社会でも、イスラム教に対して女性の役割をどう定めることができるかの研究の最前線にいる」と指摘している。

ＳＩＳは国際的な人権の合意、国家の法律、地域の社会的問題に基づく議論に加えて、宗教的な法律を適宜強調し補っている。アンワールとＳＩＳの仲間たちはアフリカ北西部、インドネシア、フィリピン、シンガポールで活発に活動し、カーターセンターの活動で重要な役割を果たしてきた。アンワールは「じつに多様な意見や異なる解釈があり、法律もさまざまである。イスラムの遺産の一部であるといえる、このすばらしい多様性こそが、情報や学識、意見の豊かな源である。この豊かさを活かして、イスラム教の信仰を高める活動ができるはずだ。イスラム教は正義と平等の原理、自由と尊厳の原理を掲げる宗教である」と言う。

ＳＩＳの活動にはマレーシアで反対も起こっている。マレーシアでは、近年のイスラム法によって女性の財産権が制限される傾向にあり、一夫多妻を容認し、男性からの離婚の申し立てを容易にし、ドメスティック・バイオレンス（ＤＶ）を禁じる法律を覆そうとする動きがある。これがマレーシア女性のジレンマになっている、とアンワールは語る。「私たちの前にある選択は、イスラム学者ムッラたちの言っていることを受け入れることができるか、それともフェミニストになることを望んで、イスラム教を拒否するかの、二者択一だ。私たちにとって、フェミニストになるためにイスラム教を拒否することは、選択できない。私たちはフェミニストになりたいし、同様にイスラム教徒でありたい」

アンワールは、SISにとって、欧米の理想や組織に近づきすぎることは非生産的であると強調する。

欧米の視点からの援助は効果がない。私たちの活動になじみのない人々は、私たちをイスラム国家の中にある欧米的な団体であるかのように考えている。私たちは欧米に作られたものではない。私たちは私たちの社会のなかで生み出されたものであり、私たちが直面する難問も私たちの社会の中にある。欧米が建設的な役割を果たし得る一つの方法は、大学間の国際的な連携を強めることによって、イスラム教の経典に関する包括的な学問的探求を促すことである。イスラムの学者の最も優れた研究のいくつかは、アメリカやヨーロッパの大学で生まれている。そしてこのような研究者に、穏健派のイスラム教が危機に瀕している場所で、声を上げるための演壇を用意する必要がある。いま欧米で出現している学問はきわめて重要であり、その学問、その新しい思想をイスラム国家のイスラム教徒に紹介することが重要である。

カーターセンターの「女性のための信仰の結集」をテーマにした人権擁護フォーラムに参加してガーナに戻ったとき、「あなたは女性を力づけて、女性がもっと生産的に働き、結婚生活のなかで夫や家族を支えられるようにするという純粋な使命を担っているのか、それとも、白人の主人に褒美をもらい、女性たちがどうにも手がつけられなくなって、男性から独立するのを促進しようとしているのか」と聞かれた。まさに厄介なことである。というのも、これこそが、なぜ私たちが自分たちの社会において、不利な立場に置かれている人々の権利のために闘うと決めたかという、根本的な理由を示しているからだ。発展途上のイスラムの国々で、トップレベルのリーダーシップを育成することが解決につながる。若者のリーダーに加えて、イマーム、イスラム学者、イスラム教の首長、オピニオンリーダーを支援することが、女性たち、そしてあらゆる人の人権を信じる私たちすべてのエンパワーメントに向けた闘いへの理解を、進展させるだろう。

イスラム平和安全保障理事会（ガーナ）事務総長　アルハジ・ホザイマ

嬉しかったのは、ローマ法王ヨハネ・パウロ二世が一九七九年の訪米の際、私の招待を受けて会いに来てくれたことだ。ジョン・ケネディがはじめてのカトリックの大統領になろうとしていたとき、批判する人たちは、法王をホワイトハウスに招くことになると予言したことを私は覚えていて、歓迎の言葉の中で、痛烈な予言がついに実現したと述べた。法王の希望で、滞在中、私たちは長時間、打ち解けて静かに非公式の会話を交わした。当時私が抱えていた政治的な問題、法王がエルサレムとヨルダン川西岸を訪問する可能性、私たちが二人とも関わりのある中国での宗教的な展開、そしてラテンアメリカで拡大しつつあるローマカトリックと福音派プロテスタントの争いが怨恨を残すことのないようにという互いの希望について話した。

性病を防ぐためのコンドームの使用や教会における女性の地位などの話題を私が切り出したとき、法王は教会の慣習のあらゆる変更に関して、驚くほど保守的だとわかった。この五年で、カトリック教会は強化されたと思うか、弱体化したと思うかという問いを私が発したとき、法王は、第二バチカン公会議のあと、礼拝が劇的に変化し、カトリック教会はあまりにもリベラルになりすぎたという意見が出て、急降下してしまったと語った。しかし法王は、もっと伝統的な価値をふたたび強調すれば、少なくとも世界中の特定の場所では、カトリック教会の影響と力を回復できると考えていた。私はアメリカ人の修道女たちの「教会のあらゆる職務に女性が就くことができるようにしてほしい」という嘆願を覚えていたが、この問題についてさらに追及はしなかった。

アメリカのカトリックの修道女の八〇パーセントから成る修道女会指導者会議（LCWR）は、バチカンの承認を得て、「現代の世界で、イエス・キリストの福音に示された使命をさらに進展させるために公共の場での指導的役割を会員が遂行するのを支援するために」、一九五六年に設立された。他にも認められた目標は、カトリック教会内及びさらに広い共同体における対話と協力の強化、そして社会改革に関わる団体との連携の強化だった。それはとりもなおさず、効果的に変化する可能性を高めることであった。このやや進歩的な活動は、ローマ法王ヨハネ二三世によって招集された第二バチカン公会議（一九六二―六五）の結果、強化されたものであった。このとき、法王による厳しい統制が幾分ゆるみ、修道女の力にカトリック教会はもっと応えられることが示唆された。一九七九年の法王ヨハネ・パウロ二世の訪米中に、ＬＣＷＲの代表は、女性の関与が増えるように、公式に嘆願をした。そのころから、多くの教会の指導者たちは、中絶、産児制限、同性愛などの、いわゆる「寝室」問題を重視してきた。一方で、聖職やその他の職権を伴う職位から女性を排除する、伝統的な認識には、不動のこだわりを見せている。第二バチカン公会議のころに比べると、現在アメリカの修道女の数は約三分の一になっている。それでも彼女たちは活発に活動し、女性の職位が認められることを明確に要求し続けている。

助祭や司祭などの叙階について話はやめるようにローマ法王庁に命じられても、カトリック教会における男女平等の拡大を要求し続けている修道女もいる。二〇〇九年二月に法王ベネディクト一六世の治める法王庁は、ＬＣＷＲの「教義上の調査」を実施すると公表した。問題とされたのは、公式声明の文言と年次集会でのある演説内容であった。調査が終わったあと、シアトルの大司教がＬＣＷＲの変化を監督し、セクシュアリティについてのカトリック教会の教えとは異なる姿勢、「カトリックの信仰と相容れない急進的なフェミニズムの思想」と判断される場合は、それを正すように命じられた。

修道女たちは反論した。急進的なフェミニズムを標榜したこともないし、不品行をしたこともない、どのようなことにもカトリック教会の立場を逸脱したことはないと主張し、これまでの姿勢にも自分たちなりの論拠があると説明した。現在のローマ法王フランシスコは自分たちとローマ法王庁とのあいだの論争の経緯を正確に伝えられていないにちがいないと言う修道女もいる。二〇一三年五月に法王は声明を出し、法王が間違っていると判断することは正すことを修道女たちに求めた。そして従順こそがイエス・キリストの神性に不可欠であることに言及し、カトリック教会とその教義に従うことを要請した。カトリック教会のなかで起こっているこの論争はまだ決着していないが、LCWRとして公式ではないにしても、何人かの修道女は固い決心を表明している。とくにカトリック教会における聖職に女性も叙任されることを強く要望している。女性の叙階会議という団体が、司祭、助祭、司教として女性の叙階を実現するために、単独で活動している。

ホフストラ大学のフィリス・ザガノ博士が、この問題に関して、次の意見を私に送ってくれた。正しい見解だとは思うが、おそらく楽観的であることは否めないだろう。


カトリック教会は本当の力のある人が聖職者であることを求めている。つまり、叙任を受けた人のことである。聖職者になる通常の方法は、助祭に叙任されることである。女性を司祭として叙任させることに教会は反対しているが、古代のキリスト教の慣わしのように、女性を叙任を受けた助祭に復活させようという意見もある。とくに、法王フランシスコがリオデジャネイロで開催された二〇一三年の世界青年の日に出席後、飛行機に乗り込むときに、女性叙任の考えにほぼ全面的な承認を表明して以来、世界中に広まりつつある。さらに八月には法王は、「カトリック教会はもっと女性を受け入れて、その存在を高める必要がある」とはっきり述べた。カトリックの助祭は、言葉と礼拝と慈善の職務が任せられている。助祭は聖体拝領（ミサ）の執行と告解を聴くことはできないが、洗礼と、結婚の承認、ミサのあいだの福音の讃美はできるし、教会に執務室をもつこともできる。さらに重要なことは、叙任された者は、この場合は助祭、つまりイエスに成り代わって勤める者のことであるが、復活したキリストの代理人である。カトリック教会が女性を叙任し、サン・ピエトロ大聖堂で女性が福音を説くのを認めることは、神が自身に似せて女性を創造し、女性もキリストの代理として働くことができるし、実際に働いていることを、世界中に力強く伝えるメッセージになり得るだろう。

女性も助祭や司祭として奉仕するべきであると確信しているカトリック教徒は修道女に限られていない。二〇一三年に「CBSニュース」と『ニューヨークタイムズ』が実施した世論調査によれば、アメリカのカトリック教徒の七〇パーセントが、法王フランシスコは女性の聖職者を認めるべきだと考えている。また、長年献身的に奉仕している多くの司祭も、同じ考えを表明してきた。特筆すべき一人は、ロイ・ブルジョア神父である。一九七二年に叙任を受け、ボリビアのラパスに近いスラムに派遣された。ブルジョア神父は、ボリビアの独裁者ウゴ・バンセルが貧しい人々を搾取していると批判し、また、エルサルバドルの圧政に関心を寄せ、逮捕され、国外追放となった。ジョージア州フォート・ベニングで訓練を受けたエルサルバドルの軍の部隊が大司教オスカル・ロメロを暗殺し、四人の修道女を暴行殺害したとき、ブルジョア神父は、中南米に広がる独裁強化へのアメリカの関与に反対する運動を行った。ブルジョア神父は逮捕され、有罪となり、懲役一八か月の判決を受けた。その後も軍事訓練は続けられ、『ワシントンポスト』によると、一九八二年には訓練項目に拷問技術が加えられたという。一九八九年にはアメリカでの訓練修了生たちがサンサルバドルのイエズス大学に軍を率いて侵入し、六人の司祭と司祭に仕える人たちを殺害した。

一九九五年にブルジョア神父はヨハネ・パウロ二世に手紙を書き、司祭の結婚を認め、女性を平等に処遇するよう要請した。二年後にローマの会議に出席し、公共ラジオでの放送中、同じ主張をした。法王庁からは何ら反応はなかったが、二〇〇八年にケンタッキー州レキシントンでジェニス・セーブル＝ドゥスジンスカを司祭に叙任する式典に参加したとき、カトリック教会に「深刻な不名誉」をもたらしたと批判され、撤回しなければ除名するとの通告を受けた。ブルジョア神父は良心を裏切ることはできないと答え、司祭としての働きを継続し、公然と女性の権利の平等を支援した。三年後には直属の上司から、一五日間の期限つきで、教会に従うようにという同様の通告を受けた。自分はカトリックの司祭を三九年務めているとブルジョア神父は答え、「この長年にわたる奉仕のあいだに、司祭になるように神の召命を受けていると信じている敬虔な女性に、私は何人も出会った。なぜ彼女たちが召命されてはいけないのか。神は男と女を創造し、同じ尊厳を与えた。私たちがよく知っている通り、司祭になれという召命は神によってもたらされる」と述べた。ブルジョア神父は国際代表団に加わり、法王庁に行き、司祭としての女性の叙任に賛成する一万五〇〇〇人の署名を提出した。そして二〇一二年十一月に、司祭としての「神聖な絆」から外すという最後通告を受けた。ブルジョア神父はこの決定に遺憾の意を表したが、いつか女性も男性と平等に扱われるようになるという希望を抱いていると述べた。

法王庁の立場は、二〇一〇年五月に出された「最も重大な罪」の布告がよく表している。そこには、女性を司祭に叙任させようとすることは、カトリック教会では、子どもへの性的虐待と並んで最も深刻で実質的な教会法上の罪の一つ、と記されている（子どもへの性的虐待で有罪とされた司祭が除名になるのは稀である）。いまのところカトリック教会の厳格な教義が変化しそうな特別な兆しは、新法王に選ばれたフランシスコからも示されていないが、将来は考慮される可能性がある。一つは、産児制限の避妊具を使用してはいけないという教会の命令を、多くのカトリック家庭の人々が実際には明らかに無視していることだ。もう一つは、コンドームの使用禁止は、エイズ感染の拡大につながると、多くの人が知っていることだ。アフリカなどの地域で避妊が行われるようになったとき、司教や司祭は見てみぬふりをし、自分自身の教区が関係していても、この問題への直面を避けた。教会組織の難題は、司祭になりたい独身男性が不足気味であることと、この厳格な禁欲が、聖職者が子どもへの性的虐待で有罪になり世界中に醜聞が広がる原因になっていると考えられることだ。

世界中には五万を超える司祭のいない教区があり、教区の指導者がどこよりも必要なのがアメリカである。アメリカでは一九七五年には五万八九〇九人の司祭がいたが、どんどん減少して、二〇一三年には三万九六〇〇人を割っている。

最初に法王となった聖ペテロは結婚していたことが知られている。イエスがペテロの義理の母を癒したという記述があるからだ。このような聖書の根拠に加えて、キリストの教えに倣おうとの教区民からの要望が強まれば、カトリックの司祭にも結婚が認められ、資格のある女性が男女対等に神への奉仕に召命される時代がくるかもしれない。それまで、カトリック教会は大きな力を発揮して、性的暴力、女性器切除、幼児婚、女性への不当な賃金、「名誉」の殺人などの、女性の経済的、政治的な平等の権利の剝奪を、厳しく批判していかなければならない。私は法王フランシスコに手紙を書き、女性の叙任というデリケートな問題には触れず、女性の地位向上のために、これらの問題の改善を求めた。ローマ法王庁から返事が届き、法王は私の助言に感謝してくれた。「カトリック教会はもっと女性の洞察を活かすことができるように、より開かれた機会を作っていく必要がある」と書かれていた。「男女は平等の尊厳をもつというゆるぎない確信に基づいて女性の権利を正式に認めてほしいという要望があることは、避けることのできない根本的な難しい問題をカトリック教会に投げかけている」と法王は考えている。

キリスト教の他の宗派の多くが、信者一人ひとりの要求に応えて、時代遅れの伝統を変更し、信仰生活のあらゆる面で女性を男性と平等に処遇するようになったことを、嬉しく思っている。いくつかの福音派の教会では、牧師、執事、委員会委員の民主的な選出など、あらゆる重要事項の決定に会衆の会員が集まって、会議を開いている。前述したように、私の所属する教会には、男性の牧師も女性の牧師もいる。そして（私の妻も含めて）執事の半数は女性である。私たちの教会は、協同バプテスト連合（ＣＢＦ）に属しているが、この連合が最近選んだ指導者は女性である。アフリカ系アメリカ人の教会では、女性を牧師に選ぶのはすでに長く習慣になっている。そして二〇一三年十一月にはイギリス国教会の管理機関が、賛成多数で女性司教の指名を認める提案を提出して、事態を前進させた。最終投票は二〇一四年に行われる見通しである。これはメソジスト派、長老派、米国聖公会、ルター派で起こっている避けられない普遍的な流れであり、その他のあらゆる国の主要なプロテスタント教会でも、同様の啓発的な方針を採用しようとしている。こうした教会の年次大会では、さらに幅広い問題を熱心に議論しているが、最終的に力を発揮するのは集合的な意思である。変化に難色を示す人は、極めて重要な問題に関して教会内での勢力を失いつつあるように思われる。

第10章

女児殺し

一九八一年に中国の農村地帯を訪ねてわかったことは、厳しい強制的家族計画に、地方公務員たちが大きな誇りを抱いていることだった。当時、中国の人口は一〇億をまさに超えようとしていた。中国全土に普及したスローガンは「一人っ子が最善、二人が最多」だった。すでに私たちは、もう一つの巨大な国インドにおける人口抑制の試みをよく知っていた。母がインドでピースコープのボランティアとして働いていたのだ。母はインディラ・ガンジー首相から、正看護師として貧しい人々に性教育を施し、またパイプカット手術をする地方の医師の手伝いを頼まれていた。父親は子どもが一人生まれると、強制的に精管切除の避妊手術を受けることになっていた。母は反対していたが、従うほかなかった。

中国で私たちは、幸せそうな両親が誇らしく一人っ子の手を引き、公園などのきれいな場所を散歩しているところを描いた掲示板やポスターをたくさん目にした。いずれの場合も、その子どもは男の子だった。当時は、これは単に写真家が男の子を選んだだけだと思っていた。しかし何年かして、男の子に特別な誇りを親が抱くということが、深刻な結果を招くことを私は知った。

歴史的に見て、地球規模で考えると、女子よりも男子のほうがわずかに多く生まれる。文化人類学者も人口学者も説明できない自然の不均衡だ。しかしいくつかの国では、この自然の比率から著しく逸脱した偏向がある。男子選好の結果である。世界保健機関のデータでは、インドでの女子と男子の比率は一〇〇対一一二である。中国で男女の性比の調査が始まったのは一九六〇年であるが、当時は女子一〇〇に対して男子が一〇六だった。これはぎりぎりだが、自然発生の比率の範囲内である。一九九〇年にはこの比率が女子一〇〇に対して男子一一二に広がる。そして二〇一〇年までに一〇〇対一一八になったのである。インドには男の赤ちゃん一〇〇〇人に対して女の赤ちゃんはたった六五〇人しか育っていない地域があると、「PBSニュースアワー」で伝えていた。なんと一〇〇対一五四である。生まれるときかその後に、女の赤ちゃんが間引かれるのが原因だと思われる。超音波検査が普及して、親は新しい選択をすることもできるようになった。早ければ妊娠一二週で胎児の性別を親は知ることができる。費用のかからない超音波検査は、いまではノートパソコンに接続され、遠い田舎でも広く活用されている。地域によっては、女子の胎児の中絶が比較的容易で合法とされ、奨励されてきた。

これらの人口大国での性比を世界で生まれる子どもの総数に換算すると、中絶、育児放棄、幼児殺害によって失われる女児は、恐ろしい数になる。インドのノーベル賞受賞者アマルティア・センは、中国では五千万人、世界中では一億五〇〇〇万人以上の女児が「行方不明」になっていると一九九〇年に推定した。女児の命を奪うことは、ほとんどの場合、家族のなかで内密に決められる。当局からの命令ではない。シャドーライン・フィルムは『生まれたのは女の子（イッツ・ア・ガール）』というドキュメンタリー映画を制作し、二〇一三年十一月に香港で初公開した。その中でインドの母親が、自分が産んだ娘のうち八人を生まれてすぐに殺したと淡々と語る場面がある。女児だけを選択的に殺すことは、「性差に基づく女性の大量殺人」あるいは「フェミサイド」と呼ばれる。

インドでは誕生時点で生き延びることができても、子どもたちは性差に基づく差別にさらされる。二〇一三年十月のユニセフによる報告で、世界中の子どもの死亡のうち、二〇パーセントをインドが占めていることが明らかにされている。近年ではある程度の改善があるものの、二〇一二年のインドの五歳以下の子どもの死亡率は、一〇〇〇人に対して五六人に上る。比較してみると、同様に貧困状態にあるバングラデシュで四一人、ブラジルでは一四人、アメリカでは七人である。とくに悲劇的なのは、インドでは同年齢の男児一〇〇人に対して、女児は一三一人が死亡していることだ。

インド、中国、韓国で、フェミサイドつまり性差に基づく堕胎を招く超音波の使用を禁止しようという動きがあるが、予想通り成功していない。『サイエンス』誌の寄稿編集者のマーラ・ヴィステンドールは二〇一二年に『女性のいない世界――性比不均衡がもたらす恐怖のシナリオ』を著した。綿密な調査に基づいて書かれたこの本で、ヴィステンドールは、現時点で行方不明の女児が少なくとも一億六〇〇〇万人いると推定している。これは同一世代の女児をまるごと地球から消してしまうのに等しい数である。一九九四年のルワンダのジェノサイドで殺害されたツチ族の人々が五〇万人、ナチスのホロコーストで犠牲になったユダヤ人が六百万人と推定されることと比べても、この数字は桁外れだ。

女児殺害実行のほとんどは、すでに述べたアジアの国に集中しているが、小さな国や、より発展した欧米世界でもフェミサイドと思われる現象は起こっている。私が生まれてから今日までに親に殺された女児の数は、第二次世界大戦で命を落とした兵士や市民の総数の二倍にもなるのだ。

予期せぬ結果は、憂うべき嫁不足と、伴侶のいない男たちの欲望を満たす売春婦の需要の高まりである。韓国のニュース報道は、貧しいアジアの国から輸入された女性が高額で売られていると伝える。最新のデータによると、韓国で結婚する男性のうち、一二パーセントがベトナム、カンボジア、フィリピン、そして日本などの外国人と結婚している。結婚斡旋業は繁盛し、嫁一人の値段は八八ドルから六六〇ドルであるという。嫁となる女性の親は、一一ドルから二二ドルを受け取る。中国の人権擁護団体は、正規の結婚斡旋の値段より、人身売買の業者から嫁を買うほうが、三二〇ドルから六四〇ドルほど安くなるという。正規の斡旋を利用すると、人身売買の二倍から五倍の費用が必要になる。中国の警察の報告によると、強制的に結婚させられるか奴隷にされた女性のうち、年平均で一万七五〇〇人が救出されている。一九九一年から一九九六年までに、一四万三〇〇〇人の人身売買業者が逮捕され、起訴されている。

誕生前でも誕生後でも、女児殺害が広く行われていることは、疑う余地のないことで、よく知られた事実であるにもかかわらず、いまも続いている。防止する法律は効果をあげていない。唯一の解決策は、娘の誕生が、あらゆる点で家族の利益になると親に確信させることだ。これを実現するには、女児も教育及び機会の平等を享受し、それぞれ自分の能力を伸ばし、収入を得て、自分自身の家族や地域社会に貢献できるようにならなければならない。

第11章
レイプ

米国司法省によると、二〇〇六年一年間にアメリカではレイプや性的虐待が一九万一六一〇件あり、その被害者の九一パーセントが女性であった。一日当たりに換算すると、四七五人以上の女性が被害にあっていることになる。しかし、これらのケースのうち警察に被害届が出されるのは一六パーセントに過ぎない。大学のキャンパス内に限ると、その割合は五パーセントにまで落ち込む。

世界中で、女児と女性は、何歳でも、どんな社会経済的な属性をもっていても、同様のあるいはもっとひどい暴力にあっている。そしてある種の伝統的な慣習は、女児と女性に対する性的暴力の構成要素となっており、性的暴力をもてはやし、それを持続させている。

ラーダ・クマールというライターは民族紛争の専門家でもあり、ニューデリーにあるネルソン・マンデラ平和と紛争解決センターのディレクターを務めている。彼女によると、インド国内において、女性に対する犯罪で最も多いのはレイプであるという。また、国連人権高等弁務官も、レイプは「国家的問題」であると主張している。インド犯罪統計局は、一九九〇年から二〇〇八年にかけてレイプ件数が倍増したと報告している。インド国内で二〇一一年に届け出のあったものは二万四二〇六件であるが（二二分に一件の割合で発生していることになる）、実際は届け出のないままの事件が大半である。二〇一二年十二月にニューデリーのバスの中で二十三歳の学生が集団レイプにあった事件は、レイプ事件の中でもとくに残酷なものである。彼女は複数の男にレイプされ、さらに鉄の棒を性器に挿入された。あまりに深く入れられたため、その女性は手術で腸を取り除かなければならなくなった。そしてその一三日後、彼女は死んだ。

この事件は、インド国内外の世論を騒がせ、二〇一三年九月にレイプ犯たちに対し、絞首刑の判決が下された。多くの人がその判決に賛同したが、人権の活動家たちは、この男たちを死刑するとかえって女性の権利を侵害することになる、との警鐘を鳴らした。アムネスティ・インターナショナルの主任研究員ディヴィア・アイヤーが、次のような説得力のある発言をしている。「死刑は、女性に対する暴力が貞節という枠組みで捉えられている社会的文脈の変容にはつながらない。女性に対する暴力を矮小化し許容する家父長的意識と封建的な考え方――それがバスに乗っている男の考え方であっても、ベテランの政治家のものであっても――を変えることにはつながらない。……死刑をめぐる議論は、政府が女性に対する暴力により効果的に対処するために行うべき、難しい手続きや制度上の改革から注意をそらしてしまう」。この指摘は核心をついている。効果的な法執行が不可欠であるにもかかわらず、性的暴力の防止に向けた政府の取り組みには、金銭的にも人的にも、資源が投入されていないのである。

女性の祭神が数多く存在するヒンズー教の社会において、さらに付け加えれば、サンスクリットの言い伝え「マタ、ピタ、グル、デバ」（母、父、師、神）でヒンズー教の家族生活での母の重要性が強調されているにもかかわらず、これほどの暴力が起きていることは信じがたい。二〇一三年八月、『ニューヨークタイムズ』に、ドバイに拠点を置くインドのジャーナリストのビニタ・バラディワジが自身のインドでの生活を描いた興味深い記事が掲載された。それによると、インドの女性は常に男性から「凝視、睨みつけ、ヒューヒューという口笛の音、ホーホーという鳥の声の真似、大きな叫び声、歌、『偶然』のすれ違いでの接触、意図的な掴み、つねり」などの行為にさらされているという。ビニタ・バラディワジは、警察や裁判所が既存の法律を施行するだけでなく、「インドで絶対に必要なのは、身近な女性たちの地位の向上に違和感のない父、息子、祖父、兄弟、おじ、おい、ボーイフレンド、夫、恋人などの男性たちの率いる、女性の革命である。まずは身近なところから、変えていかなければならない」と書いている。

一九九四年、ルワンダのフツ族の過激派たちによって、推定五〇万人のツチ族と、ツチ族殺害作戦に反対したフツ族穏健派数千人に対する大量虐殺が起きた。即座に報復がなされ、ツチ族の率いる反乱軍がフツ政府を倒した。フツ族はさらなる報復を恐れ、国から脱出することになった。何万人ものフツ族が国境を越えてザイールの東側に逃れ、また、多くがゴマ市の膨大な難民キャンプへと向かった。東側のタンザニアへと向かった人も大勢いた。グレートレイク地方の国々（ウガンダ、タンザニア、ケニヤ、ザイール、ルワンダ、ブルンジ）は、動乱と暴力に苦しめられた。難民キャンプにいたフツ族の元兵士たちは再武装し、ザイールとルワンダの国境を襲いはじめた。

地域和平会議開催を目指した国連の企画が一九九五年に破綻した後、グレートレイク地域のリーダーたちがカーターセンターに連絡してきた。そこで、私たちは何をすべきかをいっしょに考えた。ロザリンと私はゴマの巨大な難民キャンプを訪ねた。大勢の人が出入りしているのに、スタッフ数は少なく、秩序を保つのは明らかに無理だった。レイプや女性の虐待は日常茶飯事であった。カーターセンターは、この地域に平和をもたらすことに力を入れはじめた。まず、一九九五年十一月にカイロに、一九九六年三月にはチュニスに当該地域の大統領を集め、事態を解決に導く可能性のある合意が得られた。しかし、国際的支援が得られなかったため、合意内容は実現できなかった。その悪影響の一つとして、ザイールでひどい内戦が起こった。勝利者のローラン＝デジレ・カビラは自らを大統領だと主張し、国名を元のコンゴ民主共和国に戻した。カビラは二〇〇一年に暗殺され、息子のジョセフが後を継いだ。

カーターセンターはその後もコンゴ民主共和国に注目し、二度の全国統一選挙を監視した。二〇〇六年の選挙は問題なく比較的自由で公平な形で行われたが、その五年後の選挙は不備だらけで、再選されたカビラ大統領の信頼が危うくなる事態を招いた。この間、継続して、ルワンダ政府は自国の利益を図るために東コンゴ地域において市民軍を支持していた。コンゴの豊富な鉱物を海外市場に譲渡するのもその一環であった。

こうした軍事的、政治的な出来事の影響の一つとして、史上もっとも深刻な大規模な集団レイプが発生した。ツチ、フツ、そしてコンゴ人の軍人男性が紛争地域の支配を狙って行き来し、計画的に、かつ、恥じることもなく、支配領地で女性たちを虐待した。兵士たちは、男は偉いのだと主張するために、性的欲求のはけ口にするだけでなく、ビン、棒、そして銃剣までをも使って女性を拷問する。兵士たちは、これらの行為を戦時の特権だとみなしている。二〇一二年十一月、アメリカ政府によって訓練されたコンゴの軍隊が東部の町ミノヴァで一三五人の女性と女児に対する大量レイプ事件を起こした。この事件に国際コミュニティからの反応はほとんどなかった。コンゴは「世界のレイプ首都」として知られるようになった。このようにひどい性的な事件が大量に起きていても、国連の事務総長も安全保障理事会も、これらの犯罪を優先事項として取り上げない。

アフリカの南部地域においてレイプが多数起きていることは、二〇〇九年には南アフリカ医療研究評議委員会によって、二〇一三年には医学専門誌『ランセットグローバルヘルス』によって示されている通りである。数千人の男性を対象に行った聴き取り調査によると、タンザニアでは二〇パーセント、南アフリカでは二六パーセント、そしてコンゴ東部では三四パーセントの男性が、「妻あるいは恋人ではない女性に性行為を強要した」ことがあると答えている。他の大半の途上国で、このように回答をする男性は二ないし四パーセントにすぎず、先進国ではさらに低い割合であった。女性と女児に対する性的虐待の基本的な要因は、根強い家父長的社会、民族の分裂、法施行の欠落、極端な貧困などの複合的なものであることがわかっている。このはびこる暴力を止められる可能性があるのは、国連安全保障委員会からの公式の批判と、女性に対する暴力防止法やその関連法の執行のみである。本書を読み進めれば明らかになるが、イギリスのある外交官とハリウッドの女優によって、心強い取り組みが進められている。

性的虐待においては、しばしば被害者が批難されることが多い。プレーンズには七七六人の住民がおり、そのうちの七五人から一〇〇人はヒスパニックで、ほぼ全員が就労許可をもち、地元の会社に勤めているが、アメリカ市民権をもつ者はごくわずかである。私たちの教会には、すべての人種を含む、最も恵まれない家族が所属している。教会の運営は私の主催する聖書を読む会のテープとビデオの売り上げでまかなわれている。妻のロザリンは、教会を通して、個別家庭の訪問活動に参加しており、毎月三〇軒くらい回っている。ヒスパニックの労働者たちはとりわけ仕事熱心で、強制送還を恐れ、法律を極力守るようにしている。ジョージア州の圧政的な法律では、彼らは運転免許証を取得することが許されていないため、仕事に行くにも買い物をするにも徒歩か自転車を使うしかない。収入の大半をラテンアメリカに残した家族に送金しており、たまにではあるが、遠距離バスで帰省する者もいる。
つい最近、教会の友人の一人が、妻と子どもをプレーンズに残し、一人でメキシコに帰省した。その間に、男がその家に忍び込み、子どもたちを脅し、母親をレイプした。母親は牧師に電話し、牧師が地元の警察と彼女の夫に連絡した。レイプ犯は取り調べをうまく逃げ切った。夫はレイプを妻のせいにし、戻ってこなかった。妻と子どもたちは、身の安全のために、妻のおばの住む四八キロほど離れた町に引っ越していった。この例のように、私の身近な地域でも、被害者がとがめられてしまうことがあまりに多いのである。

ミャンマー（元ビルマ）は、五〇年以上ものあいだ、軍事独裁政権の下で苦しめられたが、二〇一一年の選挙では、自由と民主化への目覚ましい変革を率いた元軍人トップたちが正当なリーダーとして選ばれた。ミャンマーの次回二〇一五年の選挙に向け、カーターセンターは、常に駐在して選挙に向けたプロセスを見守り、先方からの依頼に応じて、異なる民族や宗教集団がより自由な社会で共生する際に直面する問題を乗り越えられるよう、引き続き助言していくことにしている。さまざまな問題のなかでもとくに厄介なのは、圧倒的多数の仏教徒が、マイノリティであるバングラデシュ近くのラキネ州のイスラム教徒と、中国との国境近くのカチン州のキリスト教徒を支配していることが原因で起きている紛争である。

このような紛争に関わる難題として、中央政府と各地の十数もの民族とのあいだで、停戦合意を取りつけ、各民族が、政治的、経済的、社会的にも公平であることを保障する憲法を作ることが挙げられる。

私は本書をまとめるにあたり、ミャンマーを二度訪れ、複数の情報源から、女性と女児がいかに紛争と差別の矢面に立たされているかを知らされた。私がカトリック、プロテスタント、イスラム教、ヒンズー教、仏教などの宗教団体のリーダーたちと話したところ、これらの宗教指導者たちのあいだには共通点があると思った。女性の地位についてたずねると、ほぼ全員が「女性は男性と平等に扱われているが、区別されるべき、異なる存在とみなされている」と答えた。この返答は、黒人に対して「分離平等政策」が適用されていた私の子ども時代を思い出させるものである。黒人は白人から隔離され、当然、平等な扱いなど、受けてはいなかった。

ミャンマーには依然として争いや偏見によって故郷を追われて、行き場のない人々を集めた収容所がある。私は、カチン州で実施された、追放された女性と女児が直面する問題に関する学術的研究の結果を見せてもらった。この研究が、行き場のない人々や難民の収容所全般の実態を記述した世界唯一の研究である点も興味深い。トイレ、寝所、入浴場にプライバシーがない中、すべての性関係には、暴力と危険が伴い、アルコールとドラッグの乱用が、状況をさらに悪化させている。各自の生活領域はまったく区別されておらず、せいぜい布きれで分けられているだけである。子どもたちは何歳であっても、親がそばにいないと危険にさらされる。また、周りに人がいる、あるいは避妊具がないなどの理由で妻がセックスを拒否すると、夫から暴力を受けることがしばしばある。女性たちは、性的暴力の被害を届け出るのは無意味だと口を揃えて言う。当局は全員男性であり、彼らも実は加害者であることも多く、訴えたところで、笑い飛ばされるか、手を振って、帰れ、と言われるのがわかっているからである。わずかに残る暴力への歯止めも、休戦が破られ、他の民族や宗教の武装部隊がその地域に侵入してくれば、無視されてしまう。暴力の被害を受け、不安でいっぱいの女性と女児は、平和が訪れ、法が守られる時が来るのをただ祈るしかない。

ミャンマーでは半世紀の間、軍が富、財産、影響力を蓄積し、司令官が議会の四分の一の議員を任命（そして除名も）する権利を持ち続けてきたため、依然、軍部が国を支配している。私はミャンマーへの二度の訪問の際、司令官と話したが、彼は自分の部隊が秩序を守り地元の警察を補助していることを褒め讃えていた。彼曰く、軍における女性の役割は医療部隊で奉仕するくらいで、国会の議席に女性を任命したことはないと話していた。しかし、今後はそうすることを検討するとも言っていた（その後二〇一四年一月に、女性二名が国会議員に選ばれたとの情報が入った）。

武装戦闘員たちのあいだや、混雑した収容所に押し込められて、行き場のない人々のあいだに対立が起きている所では、暴力の頻発に加え、普通に家族に与えられるべきプライバシーと相互扶助が失われている。女性、子どもなどの弱者は、とくに、暴力を受けやすくなる。そしてこの悲劇的な状況は、地元の役人たちには容認され、国際社会では無視されているのが現状である。

第12章　奴隷と売春

十九世紀の世界が経験したのは、主にヨーロッパの船でアフリカから新世界に運ばれた人間の売買という恐ろしい仕組みを終わらせるための、政治、経済、軍事的な、途方もない闘いであった。三世紀半にわたる大西洋横断の奴隷貿易で、一二五〇万の奴隷がアフリカからアメリカに連れてこられたという。これは人間に対する許しがたい暴虐の例である。

私の高祖父のウィリー・カーターは、南北戦争終結の年に他界したとき、奴隷を何十人か所有していた。家族の記録によると、それからまもなく奴隷たちは解放され、金銭的な価値で、財産の三分の二を失った。本書を執筆している現在、南北戦争の勝敗を決定したゲティスバーグの戦いから、一五〇周年を迎えているところだ。私の曽祖父とその二人の兄弟が、ロバート・リー将軍の指揮下、ゲティスバーグで戦っている。南北戦争はアメリカ史で最も悲惨な出来事で、最終的には、奴隷制の時代が終わったことに南北ともに安堵したのである。

世界には合法的な奴隷制は存在しないが、二〇一三年十月に出された世界奴隷指数の報告書は、現在二九八〇万人が奴隷状態に置かれていると推定している。奴隷の意味を広義に捉え、この中には、強制的に働かされている人や、意思に反する結婚を強いられている人、不本意ながら売春に関わっている売春婦も含まれる。国際労働機関は、現在、約二〇九〇万人が強制労働に携わっていると報告している。『フォーリン・アフェアーズ』誌によれば、「奴隷状態と世界的な奴隷貿易は、いまも行われている。実際、過去のどの時代よりも多くの人が、現在、自分の意思に反し、国境を越えて人身売買されている」とのことである。

現代の奴隷制は、毎年およそ三二〇億ドルの利益を出している。そのうちの半分が、アメリカのような豊かな先進国に流れ込む。世界奴隷指数は、アメリカで約六万人が奴隷状態にあるとしているが、奴隷状態にある市民の割合が一番高いのはモーリタニアで、約四パーセントである。私がはじめてモーリタニアの首都ヌアクショットを訪問したのは一九九四年で、この問題を提起すると、大統領と高官たちは奴隷労働禁止の法律が可決されていると主張したが、奴隷制が文化に染み込んだ地域もあり、監視できないことも認めた。インド市民の一・一パーセント以上が、奴隷的に労働を強いられ、その数は一三九五万六〇一〇人に上り、続く二位の中国の二九四万九二四三人をはるかにしのぐ。

現代の奴隷売買については、数多くの本が書かれている。最も信頼できて丹念な調査に基づく一冊を書いたのは、シッドハース・カラである。カラはテネシー州に生まれ、子ども時代をほとんどインドで過ごした。彼は、以前は投資銀行家で、いまはビジネス経営者、弁護士であり、フリー・ザ・スレイブズの理事でもある。フリー・ザ・スレイブズは、奴隷問題を可視化し、廃止を目指す組織である。カラは数年かけて、奴隷の買いつけと移送、搾取に深く関わる国々を訪ね、奴隷状態に置かれた何千人もの聞き取りをした。カラは自分のビジネスでの経験から、各国各地域で、このような罪深い奴隷制からどれだけ違法な利益があるかを計算した。奴隷指数と同様の定義を用いると、所有、支配され、意思に反して生きる人は、世界に約三千万人いるとカラは推定する。

カラの見積もりによれば、売春宿の所有経営者は、売春奴隷一人を、アジアでは一千ドル、西ヨーロッパと北アメリカでは二千ドルから八千ドルで入手でき、世界の平均では一九〇〇ドルになる。奴隷所有者の一年の純利益は、約二万九〇〇〇ドルである。薬物売買関係の犯罪カルテルと比較しても、旨みのある商売といえる。コカインやアヘンは一度消費されたらおしまいであるが、一人の女性の性的サービスは、年何千回も繰り返される。売春を見逃したり関与したりする警察などの地域の役人は、不法薬物の売人ほどの危険にはさらされない。売春婦は自由にサービスを売っているだけだと主張して、女性たちに対する残忍な脅迫との共謀を合理化する。金銭などの誘惑や誘拐されて売春を強制される若い女性や女児の性売買を阻止するのに最もよい方法は、男性客に対策を集中することだとカラは断言する。性売買に携わる奴隷所有者や売春宿経営者に多額の利益をもたらしているのは、男性客なのである。

アメリカの国務省のデータでは、毎年八〇万人が国境を超えて人身売買されている。その犠牲者のうちの八〇パーセントが女性と女児である。そしてその四分の三以上が、売春婦として売られている。最近、カーターセンターで開催された人権擁護フォーラムで、アトランタに限っても毎月二百人から三百人の児童の性が売買されているとの報告があった。私たちの暮らす都市は、アメリカでの際立った人身売買の拠点とみなされている。世界でも発着便数の最も多い空港があることと、つい最近まで、人身売買での有罪の罰金がたった五〇ドルだったことが理由である。もっと重罰が科されるようになり、連邦政府によって二〇年までの懲役が可能になったが、そのためには州をまたぐ人身売買を証明する必要がある。

アトランタのソーシャルワーカーの分析によると、調査をした売買春の四二パーセントは、最も豊かな都市部にある風俗店やホテルの部屋で行われていた。これに対して、空港近くのさびれた地域は、九パーセントにとどまる。カラと同様に、ソーシャルワーカーも、最も罪深いのは、買う側の男であり、女性たちを管理し、収益のほとんどを巻きあげる男の斡旋業者と風俗店経営者だと結論する。行政の高官から、町の警察官に至るまで、法を厳密に適応しようとする姿勢の緩さが、売買春の問題における致命傷である。

現代のソーシャルメディアは、アメリカの売春に注目すべき悲劇的な変化をもたらした。主婦などの女性が、インターネットを利用して、自分で売春をするようになったのである。斡旋業者や風俗店経営者に管理されず、料金をすべて自分のものにすることができるという、明らかな利点もあるが、慣れない環境で、まったく誰にも守ってもらえない状況で自分の性を売ることは、悲劇的な結果をもたらすかもしれない。まちがいなく違法行為であり、明るみになれば体面も傷つくので、暴力や性的虐待を受けても司法に訴えにくいだろう。

二〇一三年七月に、『ニューヨークタイムズ』は「新しい売春婦」というタイトルで特集を組み、一〇人の主婦が殺害された事件の記事を掲載した。全員が「クレイグスリスト」や「バックペイジ」、「エロティッククレビュー」など、インターネット上に何百とある、気軽にアクセスできるサイトの一つに、自分の性的サービスの広告を出していた。女性たちは、その場限りの相手と、自宅やレンタルのアパート、あるいはホテルの部屋で会っていた。料金は一時間二五〇ドルから四〇〇ドルで、一晩で二千ドル稼ぐこともめずらしくなかった。女性一〇人の遺体は、ロングアイランドの砂丘や高速道路沿いに埋められていた。ベイラー大学の経済学者のスコット・カニンガムは、二〇〇九年にニューヨークの性の商品化を調査した。その調査結果によれば、毎日インターネット上に平均一六九〇件の売春広告が掲示されていたとのことである。

アメリカの大都市すべてで、十代の女の子が斡旋業者によって売買され、風俗店での売春を強いられているのは、よく知られている。ほぼ例外なく、地域の警察は共謀も同然で、もっと注意を払うべき「より重要な」事件に備えて待機している。二〇〇〇年十月まで、アメリカには国内、国際を問わず、人身売買を罰する包括的な法律が存在しなかった。二〇〇〇年になってようやく、人身取引被害者保護法（ＴＶＰＡ）が制定された。ジョージ・ブッシュ大統領が、ＴＶＰＡは、一、国の内外での人身売買を禁止する、二、被害者を守り、アメリカでの人生の立て直しを支援する、三、人身売買を行う者を処罰する、という目的で作られたと宣言した。この法律によって、国際的な人身売買の被害者は、一時的にアメリカに住むことができるようになり、ただちに強制送還されることはない。三年後、二億ドルが人身売買の対策費として認められ、さらにこの法律は強化された。

インドで何人の女性や女児が人身売買されているかは知る術もないが、米国国務省、国連、それにインドの人権委員会は、インドが国際的な売買春の拠点になっているという点では意見が一致している。貧困が主な要因である。苦境にある親は、娘に対する教育や雇用の約束に釣られ、娘の稼ぎの一部を親に渡すと約束した人身売買業者に娘を売っている。選択的中絶が行われることによる男女の人口の不均衡が若い男性の結婚難を招くとともに、急速な都市化が進み、男たちが多数発展中のインドの都市に流入することで、性の商品化市場を形成する。相対的に豊かな共同体が存在することも一つの要因で、外国の女性たちを性市場におびき寄せる。カースト制度が問題を悪化させる。性をめぐる人身売買の被害者の多くは、インド社会の劣位階層の出身である。

ネパールからインドへの女児の人身売買は、国際的に注目されている。ユニセフによれば、毎年七千人もの女性や女児がネパールからインドに人身売買され、いま約二〇万人がインドの風俗店で売春をしている。彼女たちは、カトマンズやインドとの国境付近で、実入りのいい仕事ができるとか、魅力的な男性と結婚できるとか、無料で教育が受けられるとか、美容師、教師、看護師、あるいは人気商品の販売員になるための研修が受けられるとかという言葉に誘われて、家を離れる。町で力ずくで誘拐されることもある。いったん人身売買業者の手に落ちると、女性や女児は目的地に運ばれ、レイプされ、暴力を受け、薬物で服従させられたりする。そして売春宿に連れていかれ、多数の男の相手を連日強いられ、奴隷として女性を働かせる「所有者」の相手もさせられる。逃げるともっとひどい目にあわせる、厳重に監視して監禁する、故郷の家族に危害を加えるなどの脅しは、逃げる気を失わせる。

ネパール捜査当局の高官は、何千人ものネパールの女性が毎年、性的なサービスなどの仕事を強制されていることは知ってはいるが、女性たちを外国の裕福な地域に売るために人身売買業者は精度の高い偽造パスポートやビザをきわめて容易に入手できるので打つ手がないと、私に教えてくれた。アラブ諸国からは、二番目や将来の妻としての女性の需要がある。たいていの場合、女性たちは夫の家のなかで、強制労働に携わることになる。奴隷の世界システムの収益の上げ方について私は何冊か本を読んだが、きまってネパールの状況が最悪だと書いてある。以前の君主制でも、新しい民主制（まだ政権樹立と憲法の草案作成の途上である）でも、貧困家族を守る対策は立てられていない。貧しい親は娘の誕生を嘆くが、息子が生まれれば、近隣の人たちと祝う。息子にはあらゆる手立てで教育を受けさせようとするが、非常に貧しい地域の女子の識字率は五パーセントにも満たない。

私たちはヒマラヤに登り、数回ネパールを訪問している。最近では、選挙管理の援助と、政権の成立の援助のために訪ねた。二〇一三年十一月に行われる選挙の準備中に、ロザリンと私は、性的な奴隷状態から逃げてきた何人かの若い女性と面会する機会があった。女性の救済と保護をしている組織は、「ストップ・ガール・トラフィキング」（SGT）であり、その資金援助の大部分は私たちの長年の友人リチャード・ブラムによる。ブラムは人類初のエベレスト登頂に成功したエドマンド・ヒラリー卿とともに、アメリカのヒマラヤ基金を創設した。ヒマラヤ基金はSTGの他にも、ネパールでたくさんの慈善事業を行っている。カトマンズまでの道中で、ブラムは私たちに、SGTが一五年にわたって「地方の健康と教育のためのトラスト」（RHEST）と密接に協力していることを説明してくれた。奴隷状態から救済された女性たちの自由を守るために、RHESTが有効と考えている方法は、教育である。教育によって女性たちは自尊心を取り戻し、字が読めるようになり、手に職をつければ、自分や家族を養っていくことができると安心する。

私たちが面会した女性たちは、緊張せずくつろいだ様子で、自分たちの経験を語り、将来の実り多い生活に向けた計画を話してくれた。過去の出来事や、状況を話すときにも、笑いが起こり、恥ずかしがらずに性的な話を詳細にすることができた。監禁状態のとき、一人として学校に通っていなかった。いま勉強している教室が、将来の準備をする最善の場所であると、全員が口をそろえて語った。性的な仕事を強要されていたことが親にわかり、家族との関係を修復できない者もいる。彼女たちは家族と疎遠のままでいいと思ってはいないが、これから家族との関係が改善される見込みがあるわけでもない。彼女たちの多くは、SGTを知る友人によって監禁状態から救済された。次は自分たちが、まだ奴隷状態にある女性たちを助けてあげたいと、私たちに話してくれた。

SGTとRHESTの幹部は、二〇一三年に、自分たちの計画で一万人の女性や女児を救済したいと考えている。この数字には、裕福な家族に「賃借され」、年季労働を強いられている、ネパールのダリット(不可触民)出身の数多くの女性も含まれている。裕福な家族は、斡旋業者におよそ五〇ドルを払い、そのうちの一四ドルが女児の家族に渡される。契約は毎年更新される。待遇がよい場合もないわけではないが、暴力をふるわれ、教育の機会をいっさい与えられない場合もある。雇い主の家族の男たちから性的虐待を受けることも多い。

話をしてくれた女性たちに礼を述べ、写真を撮ったあとで、私たちはSGTの管理者から、奴隷状態を生み出す根本原因への対策を聞いた。SGTが取り組んでいるのは、より実効性のある法律の制定への働きかけ、貧困に苦しむ家族に生まれた女児へのさらに手厚い保護、この問題の核心にある社会悪について広く社会に知らせるためのプログラム作り、そして最も弱い立場にある家族の中にいる幼い女児への教育機会の提供である。とくに憂慮されるのは、ネパールに広がる強制的な幼児婚の慣習である。二〇〇六年の暫定憲法は、女性の結婚年齢を二十歳からと定めたが、違反した場合の罰則は、婚姻の無効と八ドルの罰金だけである。不名誉を被るのは結婚を強いられた女児であり、より適切な配偶者と結婚する資格がないとみなされる。貧困に打ちのめされている女児の親は、喜んでわずかな金銭を手にし、口減らしをしようとする。多くの場合、幼い花嫁は妻や母親の役割を期待されているわけではなく、結婚した相手の家で、ただ使用人として働くことを求められる。面会をした何人かの女性に、奴隷として売られるか、幼児婚を強いられるか、どちらがましかと尋ねたところ、どちらも苛酷だが、強制的な幼児婚が最悪であると全員が答えた。

看過することができないのは、「品性のある」若い女性は結婚するまで純潔を守るべきであるとされる社会で、強制的な売春が広く行われているということだ。若い男たちは、性的な快楽を売春婦に求め、たいていの場合、若く幼い売春婦に、より多くの金銭を払う。売春婦が処女の場合は、さらに金額を積む。

女性に対する暴力は、依然、現代における最悪の問題の一つである。多くの女性や女児にとって、道を歩くこと、公園でくつろぐこと、仕事に行くこと、あるいは家にいることまで、自分の身に危険が及ぶというのは、恥ずべきことである。女性や女児が安全であると思えないのであれば、人類の半数が安全ではないことになる。女性や女児に対する暴力は、男性優位によって、性に基づく差別によって、何世紀も続いている。しかし、社会における男女に割り当てられた伝統的な役割は、人間の作ったものである。そこには神の関与は何もない。宗教指導者は責任をもって、これらの歴史的な不正義に取り組まなければならない。人間としての尊厳を保つのに、男女の別はない。

国連人権高等弁務官事務所　モナ・リシュマウィ

何百万人もが奴隷状態に置かれているという世界的な問題に取り組むために、米国国務省は義務づけられている人身売買報告書を毎年発表し、他の国々が奴隷制とどのように闘っているのかを示し、さらに積極的な取り組みを促している。最新の二〇一三年版では、一八八か国の報告が含まれ、一一の規準によって、三段階に評価されている。一番上の段階には三〇か国ある。これらの国は奴隷的な強制労働問題の解消に最低限の規準は満たしているが、まだ努力の余地がある。第二の段階には九二か国ある。これらの国はささやかな努力はしているものの、最低限の規準にも到達していない。そして第三の段階に入るのが二一か国で、これらの国は人身売買の廃止のために、何ら積極的な手段を講じていない。一一の規準は以下の通りである。

1　人身売買を禁止し、人身売買に対する罰則がある。
2　他の重大な犯罪に対する罰則に釣り合う人身売買の罰則が定められている。

3　人身売買を廃絶するために、本格的かつ継続的に努力している。
4　人身売買を積極的に取り締まり、起訴している。
5　人身売買の被害者を保護している。捜査や起訴に際して、被害者に協力を求めている。
6　懲罰的な国への強制送還に代わる選択を被害者に用意し、人身売買の被害者が不当な罰を受けないようにしている。
7　人身売買を阻止するために、公的な教育などの方策を取っている。
8　人身売買を取り締まり、起訴するにあたり、他の政府と協力している。
9　重大事犯者と同様に、人身売買に関わった者を強制送還し、身柄を引き渡している。
10　人身売買の証拠をつかむために、出入国を監視し、証拠をつかんだ場合は、法執行機関が対応している。
11　人身売買に関係し、あるいは便宜を図ったり、見逃した公務員を尋問し、起訴している。

アメリカ政府関係者は、アメリカは最低限の規準を満たして最上位の段階に位置づけられているものの、まだ対処しなければならない問題がたくさんあることを認めている。おおっぴらに取り引きされ、性的に搾取される女性たちに加えて、アメリカには、不法入国したために、監禁され、脅迫されて労働を強いられる人々がいる。こうした人々は、たいていの場合、密入国の幇助者に、とうてい払うこともできないような多額の借金をしている。ネイティブアメリカンや不法滞在の移民、売春を強制されている性転換者に対する法的な保護を強化するべきかどうか、さらに性的虐待の被害者に対するカウンセリングや避妊の措置の提供を含むべきかどうかとをめぐる賛否両論の議論が議会で行われている。いくつかの保守的な女性団体やアメリカ合衆国カトリック司教協議会は、避妊という点から立法化に反対している。

虐待を受けた人々が、自分を守るために法的行動を起こすことはわずかである。ほぼ二〇年にわたってカーターセンターは、フロリダ州イモカリーのトマトの収穫作業者たちが適正な労働状態を得られるように援助してきた。誇らしいことに、イモカリー労働者連合（ＣＩＷ）が、強制的に農場の労働者を働かせている土地所有者に対する抗議の援助に力を貸してくれた。何百人もの労働者を餌食にする奴隷的状態を全国的に告発しようという連邦政府の動きにＣＩＷは協力し、犯罪的な強制労働撲滅の闘いに貢献している。奴隷状態に置かれた労働者たちは、脅され、暴力を受け、銃で撃たれ、あるいは拳銃で殴られながら、何年ものあいだ、意思に反して雇い主に労働を強いられる。続いて二〇一〇年にＣＩＷは奴隷制に関する移動ミュージアムを立ち上げ、こうした状態にあるのは確かな事実だと暴露した。移動ミュージアムがアトランタに来たときに、私たちも見ることができた。移動ミュージアムはアメリカ南東部でも展示を行い、防御の方法のない貧しい労働者の経験を伝えた。

現代の奴隷制を形成する張本人を、もっと積極的に捜査し、告訴することが必要である。めったに適用されないものの、厳格な法律が存在しないのではない。アメリカ合衆国法典第一八編の第一五八九条「強制労働」には、次のように述べられている。

以下に述べる手段によって、人の労働や奉仕を故意に提供または得た者は

1　本人もしくは他の者に対して深刻な危害を加える、また身体的に拘束すると脅すことによって

2　労働、奉仕を拒めば、本人もしくは他の者が深刻な危害を加えられる、または身体的に拘束されることになると信じ込ませるような計略や策略によって

3　法律や法的手続きを悪用、または法律や法的手段を脅しとして悪用することによって

この法によって罰金、もしくは、二〇年以下の懲役、または両方を科される。この条項に示された違犯によって被害者が死亡した場合、もしくは違犯行為に拉致もしくはその企て、悪質な性的虐待もしくはその企て、または殺害の企てが含まれる場合、被告はこの法によって罰金、もしくは無期もしくは終身の懲役、または両方を科される。

この法律で十分であるように思われるが、基本的には無視されている。米国国務省の集計によると、国内に少なくとも六万人が自分の意思に反して拘束されているとのことであるが、アメリカで

二〇一二年に有罪判決を受けた人身売買業者は一三八人しかいない。

世界中に広がる性差別に基づく暴力を撲滅するために、アメリカ政府が、いま直ちに、取りかかることのできる有効な手立てがある。世界の女性に対する暴力防止法（IVAWA）はアメリカ国会での進展を六年も待ちながら、いまだに法案通過の機運は十分ではなく、塩漬けにされている。IVAWAが通過すれば、アメリカは女性や女児に対する暴力の撲滅を主導することができるだろう。IVAWAは、虐待者のもとで怯え、銃で撃たれることを恐れて学校に通うこともできず、陽の当たる場所に導く者もなく暗い片隅にうずくまる女性や子どもたちを導く灯火となるだろう。女性や子どもたちを助けよう。いますぐに、IVAWAを通過させようではないか。

ウィメン・スライブ・ワールドワイド共同設立者、代表　リツ・シャルマ

政治指導者をはじめ、私たちは、政治と売買春と福祉一般の相互の関連性を理解する必要がある。この関連性はアフリカで顕著にみられる。エイズのウイルス感染はアフリカで始まり、予防薬と治療薬の導入が遅れ、適切に届けられなかった。アフリカの人口は世界人口の一五パーセントしかな

いのに、ＨＩＶに感染し、エイズで死亡する人々の七〇パーセントを占めている。多くの場合、とくに南アフリカ共和国では、トラック運転手や炭鉱労働者などの男性によって感染が広がってる。彼らは遠くまで出稼ぎに出て、売春宿に通い、そしてエイズを妻や家族に感染させている。二〇〇二年にアフリカ大陸を訪問したときに、私はこの悲劇を目撃した。

ビル・ゲイツ・シニアは息子のビル・ゲイツが設立した巨大な基金の運営を任され、二〇〇二年にアフリカをはじめて訪問し、何人かの高官に会い、取り組みを始める地域や問題について、理解を深めようとしていた。ビル・ゲイツ・シニアが妻のミミとアフリカ大陸の周辺部をめぐる旅行に出発するときに、ロザリンと私は同行を頼まれた。破壊的なエイズの流行について、できるだけたくさんのことを知りたいと願っての依頼であった。このとき、エイズ対策として有効な方法は二つあった。感染が判明した人に抗レトロウイルス薬を投与することと、流行の深刻さを強調して、人々の意識を高めるキャンペーンをすることであった。

私たちは南アフリカ共和国のヨハネスブルクでビルとミミと合流した。南アフリカ共和国では二五パーセントの人々がＨＩＶ感染とエイズで苦しんでいた。抗レトロウイルス薬による治療の効果は実証されていないし、中毒になりやすく、欧米出身の白人指導者が無知な黒人をだまして押しつけているのだとタボ・ムベキ大統領が主張したことが、大きな弊害になっていた。ムベキ大統領は薬の使用には反対だった。ＨＩＶ感染の母親から生まれる子どもの感染を防ぎ、効果も十分に証明されているネビラピンの使用も認めていなかった。私たちと同行したヘレン・ゲイル博士は、ゲイツ財団の世界的なＨＩＶ感染とエイズの撲滅運動を率いるために、疾病管理予防センターを退任したところだった。ゲイル博士は、母親にネビラピンを服用させれば、毎年六万件発生する子どものエイズによる死亡の半数は減らすことができると強調した。

この問題を広めるために、南アフリカのソウェトで集会があることを知った。私は元大統領のネルソン・マンデラを招くことにした。ビルは私に、マンデラが南アフリカ共和国の大統領だったとき、ワシントン州シアトルで開催されたゲイツ財団の会議に出席し、「欧米の」薬に対する疑念を表明したことを話してくれた。だから、マンデラが私の誘いを受けてくれたのは、嬉しい驚きであった。

集会は大きなテントで開かれた。ビルとマンデラ、そして私は、壇上に並び、短いスピーチをするように求められた。集会主催者の要望は、ムベキ大統領の政策に反対や批判をせず、ただ、拡大している流行の歯止め策を講じたいという私たちの希望を述べてほしいというものであった。この集会は十分に広報されていた。テレビ局は私たちの発言を放送し、新聞は、赤ちゃんや母親たちといっしょの私たち三人の写真を掲載した。エイズを発症している母親たちは、最前列に座っていた。ビルは泣いている赤ちゃんに、哺乳瓶で授乳していた。

その夜も、翌朝も、南アフリカ共和国の報道は大騒ぎだった。マンデラがはじめて欧米の薬によるエイズ治療を肯定したからであった。ムベキは、自分たちの国で起こっている破壊的な流行に対して積極的な対策を立てる必要があることを認識してこなかった。南アフリカ共和国では成人の感染率が、一二年間で一パーセントから二〇パーセントまで上昇していた。数値上は毎日一八〇〇人が新たに感染していることになる。八年後には、七百万人の感染者が死亡するという予測もあった。この問題に対峙しようとしない与党のアフリカ民族会議の指導者を批判する野党の幹部たちもいた。

ビルと私は売春宿で働くセックスワーカーたちと面会した。彼女たちは自発的に、売春婦になった経緯や、自分たちの抱えている問題や、「勤務」していないときの家族の問題を話してくれた。また、自分たちが出稼ぎ労働者にエイズ感染を広げ、それが故郷にいる妻や家族に拡大する可能性があると認識していることも話してくれた。女性たちは、その界隈には約五千人の売春婦がいるが、知り合いはほんのわずかであると話してくれた。親などによって売られ、不本意ながら売春を始めた女性たちも、いまは自分の意思でこの仕事を続けるつもりだと話してくれた。何人かの女性は、客にコンドームの使用を求めているが、そうすると料金が低く抑えられ、売春宿の管理者もいい顔をしないと話してくれた。エイズの兆候はないと全員が主張したが、将来の可能性については運命として受け入れている様子だった。客がエイズの恐れには敏感であるのは確かで、だからこそ、若い売春婦のほうが好まれる。若いほうが、エイズ感染の可能性が低いと考えられている。アフリカの他のほとんどの国と異なり、ロザリンと私は、南アフリカ共和国でエイズ対策のポスターや看板を目にすることはなかった。

私たちはムベキ大統領と会うために、飛行機でケープタウンに向かった。ムベキ大統領は保健大臣のマント・チャバララ・ムシマングとともに私たちを待っていた。ビルと私が訪問の目的を説明しようとすると、大統領は私たちを遮り、ＨＩＶ感染とエイズには科学的な関連性はなく、私たちが普及させようとしている抗レトロウイルス薬は中毒性があると主張した。議論は白熱し、ムベキ大統領も私も椅子から立ち上がり、憤慨して互いの顔を見つめた。ムベキ大統領は、ようやく黒人たちが植民地主義の最後の痕跡を消して前進しようとしているのに、欧米の薬をもたらそうとするのかと、私たちを非難した。さらにムベキ大統領は、ジンバブエのロバート・ムガベ大統領もその企みに気づいていると主張した。私たちは意見の違いを埋められないまま南アフリカ共和国をあとにした。しかしその後、スーダンの人々の平和を実現する努力においては、私はムベキ大統領と息を合わせて協力している。

私たちは次にナミビア（二二パーセントの感染率）と、アンゴラ（八パーセント）、ナイジェリア（五・八パーセント）を訪問した。オルセグン・オバサンジョ大統領は、ナイジェリアの全三二州からの代表をアブジャに集めてくれた。そこで私たちは、さまざまな地域でエイズが発生していることについて話し合った。ビルと私が売春婦たちと会合したとき、マブシの貧民街のとくに若くて美しい何人かが、自分たちは客にコンドームの使用を求めていると話してくれた。料金を標準の五倍にするから、コンドームなしの「そのままのセックス」をしようと言われたこともあるそうだ。他の五千人の売春婦たちは、ほぼ全員がエイズに対する対策を何もしていなかった。

土曜日の午後になって、私はオバサンジョ大統領から、翌日大統領専用のチャペルでバプテスト派の礼拝を行うので、説教をしてほしいと伝えられた。しかもエイズについて話してほしいとのことだった。その夜私は、エイズについてじっくりと考えた。そして最良の策として、エイズに関する不名誉な側面を最小限にとどめて、自分たちの感染状況を報告しやすくすることが最善のアプローチだと決めた。そうすれば、男女両方が問題を受け入れやすく、議論しやすくなる。私は大勢の感情豊かな聴衆に向かって、不純な性行為、それによる感染、そして苦しみという問題に、イエスならどのように対応するだろうかと語りかけた。私は聖書から、七つの罪を犯し救済されるマグダラのマリア、五人の愛人をもつ井戸端のサマリア人の女、そして姦通を犯して石打ちによる処刑の判決を受けた女に対するイエスの対応について書かれた部分を引用した。これらのイエスの行為は愛と赦しを表していると、私は説明した。また、マタイの二十五章にある「最も弱い者に対して」という言葉は、私たち全員に、苦しむ人々に寛容と愛で接する責任を担わせていると私は説いた。オバサンジョ大統領は私の聖書の引用を喜び、聴衆もよく反応していたと言ってくれた。

私たちは土壇場で中央アフリカ共和国のバンギを訪れることにした。中央アフリカ共和国は、世界で最も貧困にあえぐ孤立した国の一つである。国内で一つしかないエイズ専門医院を私たちは訪ねた。それは胸が張り裂けるような経験であった。エイズに罹った患者二六七人がずらりと並んでいた。ほとんどが衰弱した赤ん坊を抱えた母親だった。しかし使える薬はなかった。患者たちは毎日割り当てられるわずかな食事を待っていた。歩くこともできなくなると、女性たちは近くの別の病院に移されて、死を待つ。ベッドの九〇パーセントは、このような患者で占められていた。医院は日本人の若い女性によって運営されていた。彼女の献身を見て、私たちはマザー・テレサを思い浮かべた。ビルはゲイツ財団から特別な援助を彼女や患者たちにすると約束した。

ケニアでは、ダニエル・アラップ・モイ大統領がエイズ問題に深い関心を示し、ナイロビでは二〇パーセントの感染者がいるものの、ケニア全体では感染率が一三パーセントにまで低下したと報告してくれた。ＨＩＶ感染及びエイズに関する大規模な公開討論会にもモイ大統領は参加してくれた。討論会ではエイズ患者、売春婦、エイズ孤児、学生、労働者、雇用者、国のエイズ対策の担当者などさまざまな立場からの具体的な証言を聞くことができた。

ボツワナの人々の三五パーセントがＨＩＶ陽性であることを知ったのは、そのときだった。のちにゲイツ財団は、抗レトロウイルス薬を製造する主要企業のメルク社と協力して、ボツワナに集中的な援助を始めた。防止と治療の両方に力を入れ、ボツワナをアフリカの他の国の手本にするのがねらいだった。

アメリカ大統領の緊急エイズ救済計画からの財政的な援助の増加、ジョージ・ブッシュ大統領によって進められたアメリカ政府の取り組み、教育プログラムの改善、ムベキ大統領の後継者などの政治指導者からの支援などによって、アフリカでは劇的な前進が起こっている。二〇〇二年と比較すると、八倍も多くの人が抗レトロウイルス薬の治療を受け、エイズによる死亡は三分の一まで減少し、新しいＨＩＶ感染も二五パーセント減った。

アフリカでの挫折の一つはウガンダである。私たちが訪問した時点では、すばらしいエイズ対策が行われていた。基本的な「Ａ（自制）Ｂ（信仰）Ｃ（コンドーム）」を掲げ、ＨＩＶ及びエイズの感染率は、一五パーセント超から六パーセントにまで低下し、さらに減りそうな気配だった。学校での「ＡＢＣ」教育に加え、印刷物、掲示板、ラジオ、テレビなどのメディアを活用して、ウガンダ政府は積極的なキャンペーンを行っていた。しかし、私たちの訪問からしばらくして、ウガンダの大統領の妻が、アメリカの保守的なキリスト教指導者によって、コンドームの使用を規制するべきと思い込んでしまった。政府は方向転換し、エイズ感染の拡大防止手段として、自制だけを呼びかけることになった。その結果、死亡率も新たな感染率も改善は見られなくなってしまった。ヒューマン・ライツ・ウォッチは、方針の変更によって「ウガンダの子どもたちはＨＩＶの危険にさらされている」と述べている。もちろん信仰に基づく組織は、この見解に反対するだろう。二〇一二年に出されたＵＮＡＩＤＳ（国連エイズ合同計画）のウガンダに関する報告は、「毎年新しく感染する人々の数は、二〇〇一年の九万九〇〇〇から二〇一一年の一五万人と増え、増加率は五〇パーセントを超えている」と述べている。

アフリカにおけるエイズ感染は、ほとんどが異性間の性交渉による。女性は望まない性交渉から自分を守りにくい。ほとんどの女性は自制による性行為の制限に加えて、コンドームの使用を望んでいる。職業的な売春婦を別にすれば、男性に比べて、女性がかつて健康だった家庭にＨＩＶやエイズをもたらす可能性は低い。また、すでに感染している場合は、抗レトロウイルス薬の服用で自分の赤ん坊の感染を防ぎたいと切望する。エイズとの闘いにおいて、最優先するべきことは、女性をレイプから守ることと、女性に予防の教育、そして治療を施すことである。

第13章 配偶者虐待

虐待を受ける女性を困惑させるキリスト教の言葉は、マタイによる福音書の五章三十九節の「誰かがあなたの右の頬を打つなら、左の頬をも向けなさい」である。この教えを引き合いに出すと、虐待に耐えることが「キリスト教徒にふさわしい」と、虐待を受ける女性に思い込ませてしまう。非常に難しい部分である。しかし神学者のウォルター・ウィンクは、著書『力の活用』で、イエスの時代のこの言葉の本当の意味は、非暴力の抵抗であったと説明する。暴力的な扱いを受けたときの、暴力で抵抗するかひたすら忍従するというありふれた二つの対応をイエスは否定した。イエスはそれに代わる第三の方法を推奨した。つまり、積極的ではあるが非暴力的な対応である。古代のイスラエルで、ローマ人がユダヤ人をどう扱ったかを考えれば理解できる。打ちのめされた女性には、積極的な、非暴力の抵抗という第三の選択がある。つまり、虐待を受けた女性のためのシェルターに行くことだ。それがイエスの教えの本当の意味だ。

シカゴ神学校神学部教授、元学長　スーザン・ブルックス・シスルスウェイト

世界保健機関は二〇一三年に、女性の三分の一以上が身体的または性的な暴力の被害者で、大部分が夫もしくは恋人から暴力を受けるか虐待されていると報告している。このような状況が続くのは、ある程度、地域の習慣のためであり、被害を受けた女性が何もできず黙って耐えるしかないからである。およそ三分の一の国にはＤＶに対する法律がなく、多くの妻が暴力をふるう夫に従う義務があり、夫の暴力は正しいことだと思っている。ユニセフによる十五歳から四十九歳の女性に対する最近の調査で明らかになったのは、アフガニスタンとヨルダンでは九〇パーセント、マリでは八七パーセント、ギニアと東ティモールでは八六パーセント、ラオスでは八一パーセント、中央アフリカ共和国では八〇パーセントの既婚女性が、夫が状況により妻を殴打することは正当と認めら

れているということである。

アメリカ女性の四分の一が一生のいずれかの時期にDVの被害を受ける。連邦捜査局の報告によれば、二〇〇〇年から二〇〇六年までに戦闘で命を落とした兵士は三二〇〇人であるが、アメリカでは一万六〇〇〇件のDVによる殺人があり、その犠牲者の八五パーセントが女性である。地域警察の報告は任意なので、この数字は低めである。このような犯罪を防止する手段は、通常は虐待の被害女性を保護シェルターに送ることであるが、部分的な効果しかない。また、加害者ではなく、被害者を罰することになりかねない。とくに子どもがいる場合は、残していかなければならなくても、長期間いっしょに身を隠すことになっても、つらい思いをすることになる。

『ニューヨーカー』誌のレイチェル・ルイーズ・スナイダーによる二〇一三年七月の記事で、現行の法的手段を利用して、予期されるDVによる殺人を防止するために、二〇〇五年にマサチューセッツ州で始まった新しい対策が紹介されている。殺人事件でよく起こる前兆は、殺害前に身体への暴力がふるわれることである。殺害された女性のうちの半数は、警察に保護を以前に求めている。家族の貧困が暴力に直接つながるわけではないが、長引く夫の失業は深刻である。加害者の行動を規制する法的命令はしばしば破られるが、危険度の鑑定と裁判所命令による加害者へのGPS位置探知機の装着は、効果が著しいことが実証された。新しいプログラムが実施されて以来、試験地域では殺人が起こっていないし、GPSを装着した加害者によるDVも起こっていない。直近の報告によると、新しいシステムの構築前は九〇パーセントがシェルターに逃れていたが、現在は五パーセントに減少している。三三の州がＤＶの事件にＧＰＳ装着による行動規制活用を導入するか、承認する法律を通過させている。そして三〇州の五千人以上が、この驚くほど経済的なシステムを実行するための研修を受けている。

もう一つ、配偶者による深刻な暴力を減らすために急速に広まっている方法が、『ブルームバーグ・ビジネスウェーク』誌の二〇一三年九月に紹介されている。発展途上国の女性が虐待する夫と離婚できるようにしようというものである。メキシコでは一九八〇年以来、離婚率はほぼ三倍に増加しているし、中国、イラン、タイ、韓国では五倍以上に増加している。専門家は、国連の女子差別撤廃条約の実施によって女性の意思決定の自由が拡大した成果だと分析している。簡単に言えば、多くの虐待された妻たちが、問題のある結婚から逃れる法的な権利を得ることができるようになったということだ。一二七の国では夫婦間のレイプは犯罪とはみなされず、大きな課題はまだ残っている。

女性に対する暴力を終わらせるには、リーダーとコミュニティのメンバーの両者が力を合わせて、支援を世界的な連携に発展させる必要がある。私たち一人ひとりが、公私ともに、あらゆる不当行為に反対する責任を、神によって担わされている。ＤＶ防止のため、宗教指導者やコミュニティの教育や研修を、説教、結婚前カウンセリング、結婚セミナー、意識向上キャンペーン、調印された宣言、人材育成、研究、虐待被害者のためのプログラム及び支援によって、制度化する必要がある。私たち人類は、全員、同じものを求めている。つまり、愛と平和である。力を合わせれば、家族、コミュニティ、国家の最善の平安を維持していくために、自分のために求めるものを、他者のために求めるという普遍的な原理を実践する世界を作ることができる。

北アメリカイスラム協会代表　イマーム・モハメド・マギッド
ピースフル・ファミリー・プロジェクト広報及び研究担当理事
マハ・B・アルハティーブ

タリバンの支配する地域で女性や女児が極度な抑圧を受けていることに、私たちは耳を傾けた。そして私は、ある事例に個人的に関心を抱いた。この事例は、状況を理解するのに役立つだろう。女児が十分な教育を受け、強制的な幼児婚を逃れることができるとしても、男性優位を当然とする文化の中では、その後の人生を自由に築いていくことはできないのである。

アフガニスタンのイスラム軍の元将校のマシュク・エスカルザダは、私の親しい友人で、イギリスのサンドハースト王立陸軍士官学校で基本的教育を受け、より高度な軍事訓練を受けるために、ジョージア州のフォート・ベニングの近くにやって来た。ソ連軍が一九七九年十二月にアフガニスタンに侵攻したとき、マシュクはアメリカに残る決心をし、結婚して家庭をもち、高校教師になった。マシュクはプレーンズの私の聖書クラスに通い、キリスト教徒になり、家族とともに私たちの町に引っ越してきた。一家は私たちの教会に加わり、私が不在のときはマシュクが聖書クラスを担当している（常連の教会員の中には、私の不在が嬉しいという者すらいるらしい）。

マシュクはアフガニスタンにいる親族とも綿密に連絡をとっていて、中でもカテラという若い身内を誇りにしていた。カテラは高校のあと短期大学を卒業し、女子生徒も通うことが認められた数少ない学校の教員になる準備をしていた。比較的裕福な名門の家族で、二〇〇七年にカテラの父親が逮捕され、以前のビジネスパートナーの違法行為に関与したとして地方判事に告訴されたとき、カテラは恥じ入り動転した。

二か月後のある日、カテラは自宅の電話に出た。驚いたことに、かけてきた相手は判事だと名乗った。判事はカテラに、父親の処遇を左右する力があると告げた。そして、繊細な文化的規範を破った美しくて教育のある娘だそうだが、と切り出した。カテラは戸惑い、母親に代わろうかと言った。それより前に母親は判事から、父親の釈放のために一万ドル要求されていて、すでに四千ドルを渡していた。判事はカテラに、もし電話してきたことを母親に言えば、父親は二度と釈放されず、十七歳の弟は殺されるかもしれないと言った。さらに、判事はカテラが自分と結婚すれば、家族の安全と父親の釈放を保障すると話した。判事は自分が若い独身者であると説明し、結婚すればよい暮らしができると言った。

カテラは自分の部屋で泣いているところを母親に見られてしまったが、判事の脅迫と提案については誰にも言わないと決心していた。その週のうちに、武装した兵士を乗せた二台のトラックが来て家を取り囲んだ。判事の姉が入ってきて、カテラの母親に判事の提案を伝えた。母親はショックを受け、憤慨した。しばらくして、家族を守るために、若いカテラは判事の求婚を受け入れることにした。

三日後、イスラム教宗教指導者ムッラを連れて、判事がやって来た。ムッラは母親の前で、正式な宗教的な文言を読み上げた。そして判事はカテラに近づくことを許された。カテラは全身をベールで覆っていた。思っていた年齢よりも判事が少なくとも二十五歳は年高なのが、カテラにもわかった。結婚初夜に、夫となった判事は大きな刀を振り回し、もしカテラが処女でなければ、切り刻むと脅した。

カテラは期待通り処女で、翌日、父親が監獄から釈放されたと知らされた。そのとき、判事の二人の妻と会い、そのうちの一人にカテラは任された。カテラの母親は判事にすでに妻がいることを知ると、判事を強く非難した。判事はあとでカテラを何度も激しく打ちすえ、自分の家族に何も話すなと警告した。カテラはほんのわずかの食べ物しか与えられず、まもなく他の妻から、判事が四番目の妻を探していることを知らされた。カテラは文句一つ言わなかったが、母親は娘の苦境に気づいていた。そして娘に、判事が再び父親を監獄に入れたことを伝えた。カテラは、判事が「友だち」と呼ぶ二人の見知らぬ男に、ベールを外して挨拶するよう強要されたとき、自分が取り引きされることがわかった。判事の娘は、支払いの金額を決めているところを立ち聞きしたと、カテラに話した。数週間後、カテラの母親は判事に親戚の結婚式へのカテラの出席を認めてほしいと頼んだ。カテラは判事の何人かの兵士といっしょに来て、結婚式が終わると判事の家に連れ戻された。母親は州知事や他の役人に訴えたが、全員が判事の味方だった。判事は母親を、カテラを誘拐しようとしたと責め立てた。

マシュクが自分の家族の問題を私に話してくれたときのことだった。アフガニスタンにいるマシュクの知人の中には、同じ村出身の高官に口利きしてくれた者もいた。どうにもならなくなって、カテラをクンドゥズの国連事務所に連れていってもらった。判事がそこに兵士一〇人とともに来て、事務所に火を付けると脅した。怖くなった職員は、近くに住むエスカルザダ一家の遠縁に連絡すると、遠い親戚がカテラを首都カブールの国連事務所に連れていった。私はまず電話で、アメリカ大使館にこの事件の成り行きを説明し、ホワイトハウスと国連事務総長に電話することを提案した。カテラは秘密の場所にある女性のためのシェルターに移された。のちにカテラはシェルターは刑務所のようだったと述べている。

二〇〇一年下期の短いあいだアフガニスタンの大統領を務めたブルハヌッディン・ラバニとは既知で、私は判事の出身地ジャララバードで有力な支援を得ることができた。私はカテラにアメリカに来てほしかったが、彼女は公的にはまだ結婚していたので、いろいろな法的な障害を克服するのが難しかった。カテラと夫の判事は二度と会うことはないとはいえ、判事はけじめを付けるよう説得され、役人たちの前で離婚することを誓い、もうカテラと家族に危害を加えないと宣誓した。判事は停職扱いになり、のちにタリバンの攻撃を受け、撃たれて両足を失った（ラバニ元大統領は二〇一一年の自爆攻撃で命を失った）。

カテラが普通の生活を取り戻す長い道のりが始まった。アフガニスタンの女子校で二年間教師として働き、一年間校長を務めた。しかしその女子校はタリバンの爆撃を受けた。教職に戻れば、八つ裂きにすると脅され、母親と弟といっしょにタジキスタンに逃れた。このとき、マシュクの息子のウィリアムは、法的な束縛をかわす唯一の方法は、カテラと結婚することだと気づいた。ウィリアムはタジキスタンに行き、カテラに会った。驚いたことに、二人は熱烈な恋をしたのである。ウィリアムはアメリカに戻り、婚約者がアメリカに来ることができるように請願を出した。私はビザが早く降りるのを手伝った。数か月後、カテラはウィリアムと再会し、プレーンズの親戚と暮らし始めた。カテラとウィリアムは結婚し、いまでは父親にちなんで名づけられた、かわいい息子と暮らしている。

この話で重要なのは、この美しく聡明な若い女性のドラマは、もし家族がアメリカの元大統領とアフガニスタンの元大統領の支援を受けることができなかったら、そして従兄の助けがなかったら、まったく異なるエンディングを迎えただろうということである。そのような支援を受けられる女性は他にはほとんどいない。

イスラム国家として、またアフガニスタンという国として、女性の権利を保障することは、アフガニスタンが長期にわたって女性の権利を保護していくために、必要不可欠のことである。とくに、安全は国力でもあるからだ。イスラム教が文化や伝統、習慣を形作っているこの伝統的な社会では、地域の宗教指導者によって、女性の権利という繊細な問題を立ち上げていくのが最も効果的である。女性の権利に関する対話を私たちも促進することはできるが、イスラム教にそって、脅迫的にではなく直接的に、広く人々に女性の権利についてのメッセージを送ることができるのは、イスラム教指導者イマームたちである。そういう機会がもっとたくさん実現することが必要である。

アジア財団のアフガニスタンにおける女性の権限向上・開発担当ディレクター
パルワシャ・カカール

第14章　「名誉」の殺人

「名誉」の殺人というひどい慣習は、現代社会では広く非難されているが、それが合法であったり、罰せられない国もある。「名誉」の殺人はユダヤ教とキリスト教の古代の聖典の中で、正当化されている。私が大統領になった一年目に、サウジアラビアの同棲カップルが公然と処刑された事件があったのを覚えている。そのカップルは結婚を望んでいたが、女性の父親が反対していた。イギリスのジャーナリストが、この事件を取材し、それをもとに『プリンセスの死』という映画を作った。このドキュメンタリーはイギリスで放映され、その後、アメリカの公共放送局ＰＢＳの主要スポンサーの石油会社が放映しないように圧力をかけたが、PBSでも放映された。これに対し、サウジアラビア政府当局は強く抗議した。

私はこの出来事を通じて、女性が、正式に認められた婚姻関係以外で性的関係を持つと、ひどい結末を招くという、特別な法的措置や慣習があることをはじめて知った。しかし、私は聖書に、これと同様の処刑を支持する一節があることも知っていた。旧約聖書の申命記二十二章の十三節から十四節と二十節から二十一節に、次のような記述がある。「男が妻をめとり、彼女と寝た後に彼女のことが気に入らず、『私はこの女をめとって親密になったが、彼女が処女であるという証拠がなかった』と言ってその女性の名誉を傷つけ、汚名を着せたとしたら……しかし、もしその非難が確かで、その少女が処女だったという証拠がなかったなら、娘を父親の家の戸口に引き出し、町中の男たちによって石で打ち殺さなければならない。……あなたは悪をあなたの中から除去せねばならない」

レイプされた、親が決めた結婚相手を受け入れない、婚外で性関係をもつ、あるいは単にふさわしくない服装をする、という理由で女性が殺害されるという慣習が、いまだに多くの地域に存在しているのは、信じがたいことである。こうした殺害は、汚された家族の名誉を回復するという名目で行われている。しかし、実際にどれくらい起きているのかを正確に示すデータを得るのは難しい。「名誉」の殺人の多くは、自殺として届けられているためである。この手の殺人は中東と南アジア地域で多く行われているが、世界の他の地域でも起きている。イギリス警察によると、イギリス国内で二〇一〇年に二八二三件の「名誉」の暴力が報告されているという。ＢＢＣの報道によると、世界全体では、毎年二万人以上の女性が「名誉」の殺人の被害にあっていると推定されている。一九九九年にパキスタンで知的障害をもつ女の子がレイプされ、その後犯人が見つかって捕まったという、広く報道された事件があった。この女の子は、我が民族に恥をもたらしたとして、同族の男集団に殺された。彼女は十六歳だった。このような殺人は、通常、被害にあった女の子の父親、おじ、あるいは弟たちによって行われている。

パキスタンの女性の生きる権利は、彼女たちが社会規範と伝統に従う、という条件の下のみで認められている。

パキスタンの人権活動家、長老の会会員　ヒナ・ジラニ

ヒューマン・ライツ・ウォッチでは、「名誉」の殺人を次のように定義している。「家族の名誉を傷つけたことに対する復讐として、男性の家族員が女性の家族員に対して行い、多くの場合、死に至る。親の決めた相手と結婚することを拒む、性的虐待の被害にあう、離婚を求める――それが暴力をふるう夫からの離婚であっても――、不倫するなどの理由で、一人の女性が家族内の誰かから

攻撃されること。ある女性が家族の『名誉を傷つける』行為をした、ということがその女性の命を絶つ理由として成り立つという認識そのもの」

ヒューマン・ライツ・ウォッチの定義には、結婚持参金が少ないことで女性が殺される場合は含まれていない。しかし、まだ若すぎるから、あるいは親が決めた相手ではない人と一緒になりたくて、その結婚を拒否したことを理由に殺されることは含まれている。これは非常に広く人々に受け入れられている、女児と女性はその家の男性の所有物であるとの考えに基づく慣習である。

グローバル社会からは、「名誉」の殺人の慣習をなくそうとする圧力があるが、変えようとする活動は、必ずしもうまくいっていない。ヨルダン国王アブドラ二世と妻ラニアは、「名誉」の殺人という法慣行をなくそうと試みた。ところが、彼らの最善の努力は、その地域の人々の信じる、「名誉」の殺人をよしとする根強い考えにつぶされた。以前の法律では、「男が自分の妻か親戚の女が姦淫したことを知り、その女と相手の男の両方あるいはどちらか一方を、殺すか負傷させた場合、加害者の男は処刑から除外される」と記されていた。その後、殺害の場合については前より厳しい法律が定められたが、「名誉」の殺人に対しては、裁判の過程で減刑されたり刑期が短縮されたりすることもある。とくに被害者の家族（たいていは加害者）が罪を軽くして欲しいと請願すると、減刑される。また、未成年だと罪が軽くなるため、十八歳未満の兄弟に罪を犯させるケースが多い。

証拠がなくとも、不適切な行いがあったとの申し立てのみで、女児が非難されることがよくある。ヨルダンの国立法医学研究所の所長が行った「名誉」の殺人で殺された死体の検視結果では、処女膜が破れていなかったケースもあるとのことである。ケンブリッジ大学の研究グループの研究によると、「『名誉』の殺人に対する法的な取り締まりを、保守派の懸念を押し切って厳しくしても、規範外とみなされる女性に対する暴力を容認する文化は一向に変わらない」という。同大学の犯罪学研究所によると、首都アンマンで調査した男の子のほぼ五〇パーセント、女の子の二〇パーセントが、家族に「不名誉」を着せたか、泥を塗ったという理由で、娘、姉妹、あるいは妻が殺されることは認められる、と回答したという。

悲惨なことに、イスラム世界での「名誉」の殺人の頻度はあまりに高い。エジプト内務省の大臣によると、二〇〇〇年の殺人の一六パーセントが家族による「恥を抹消する」ための殺人であったとのことである。エジプト女性の法支援サービス協会の報告によると、二〇〇二年から二〇〇三年において、暴力加害者は、七五パーセントが夫、父、兄弟、伯父などの男性で、残りの二五パーセントが女性であるという。レイプの被害女性が自分に非がないことを証明するには、イスラムの成人男性四名が彼女の証人として証言する必要があるため、実際は不可能に近い。また、ヒンズー教やシーク教の社会でも、家父長制が強固な文化におけるキリスト教徒のあいだでも、こうした殺人は行れているのである。

第15章　女性器切除

女児の虐待の中でも、性器の一部または全部を切除されるというのは、最も深刻で、かつ、実態が明らかにされていないものである。女性器切除、あるいは女子割礼として知られており、その施術は「切除師」といわれる女性たちによって、麻酔なしでナイフかカミソリの刃で行われる。切除師の中には、尿と月経血を出すための小さな穴を残し、傷口を縫合する者もいる。結婚あるいは出産の際、その穴が、夫のペニスあるいは新生児が通る程度に拡げられる。

女性器切除は、慢性的感染をはじめ、排尿時、月経中、性交時、出産時の強度の痛み、さらに精神的なトラウマなど、生涯にわたる健康被害をもたらす。出血や感染など、切除が原因で死亡する女児もいる。

世界保健機関の推定では、セックスの悦びや欲望をなくすことで「浄化」するという名目で一億二五〇〇万の女性と女児が女性器切除を受けている。一部の切除師は、女性の性器は汚れたものなので、平らで固く乾いた状態のものにすべきだと主張する。多くのコミュニティでは、かなり幼少時に行われるが、女性器切除は大人になるための通過儀礼とみなされている。女性器を切除することで、性交時の男性側の悦びが増すと信じる人もいる。このような慣習を義務づける根拠になることは聖書に書かれていないが、キリスト教徒と、ユダヤ教徒、イスラム教徒、精霊信仰者、自然崇拝者の中には、女性器切除を地元の宗教の教えとして取り入れている場合もある。

一九九三年のウィーンで開催された世界人権会議で、女性器切除のテーマが取り上げられ、この慣習は女児への深刻な虐待であると宣言された。それ以来、ほぼすべての国で、この慣行を禁止あるいはその施行を規制する法律を通過させた。二〇一二年十二月には国連総会で満場一致でこの慣行を禁止する決議を採択した。しかし、これらの国際的決議や各国の決議や法律では、女性器切除の規制ができておらず、法的罰則はほとんどなされていないままである。

セネガルでモリー・メルチングが設立したトスタンというグループの活動は、この問題についての外圧への抵抗と、その地域の人々が自ら方針を決定する必要性を例示している。モリーはアメリカからの交換留学生として一九七四年からダカール大学で学び、ピースコープのボランティアも務めた。その後、モリーは人口三百人ほどのセネガル東部の村に移住し、その地域社会に溶け込んで暮らした。彼女は自分が受けた教育を生かし、地域の女性たちに読み書きや広い世界のことに加え、どのように自分自身と家族の健康を守るかについて、教えた。それよりももっと重要と思われるのは、その村の女性に、それまでは認識されていなかった人権の概念を伝えたことである。モリーは、外から説得するのではなく、セネガル女性が、自分たちの生き方について自分たちで決めていくことが必要だと実感し、のちに「エンパワーメント」を意味するトスタンと名づけた、地域に社会的な力をつけるための組織を立ち上げた。モリーはその組織では、九九パーセントのスタッフがセネガル人であることを重視した。

女性器切除は、女性は男性に比べ本質的に劣っているという考え方とともに、セネガルのたくさんの村で当たり前のように受け入れられていた。一九九七年に、あるコミュニティで、女性グループが女性器切除は自分たちの健康に害を与え、人権を侵害しているという新しく習得した考え方のもとに、その慣習をやめることに決めた。また、彼女らは、尊敬を集めているイスラム教のリーダーたちから、その慣習はコーランの教えには基づいていないことを学んだ。女性器切除が伝統的に行われてきた村から村へこの認識が広まった。二〇一三年には、セネガルが大半を占めるが、それ以外にも、ギニア、ガンビア、モーリタニア、ジブチ、そしてソマリアも含む、六四〇〇以上の村で、女性たちが、女性器切除の慣習と、子どもの強制結婚をやめることを決定した。アフリカの女性たちがこのような成果を得ることができたのは、まず、彼女たちに、女性の権利についての世界的合意を教え、あとは自分たちがどうしたいかを彼女たち自身で考えてもらうようにしたことだとモリーは説明する。

二〇一三年七月にユニセフが出した報告書によると、女性器切除は徐々に減ってきているが、いくつかの国、とくにアフリカのイスラム教が主流の国では、依然として頻繁に行われているという。ユニセフによると、何らかの形での性器を切除された女性の割合は、エジプトで九一パーセント、ソマリアで九八パーセント、ギニアで九六パーセント、ジブチで九三パーセント、エリトリアで八九パーセント、マリで八九パーセント、シエラレオネで八八パーセント、スーダンで八八パーセントである。また、ブルキナファソ、チャド、エチオピア、ガンビア、ギニアビサウ、ケニアでも、切除された女性の割合が五〇パーセントを超えているという。

ケニアと中央アフリカ共和国での女性器切除は、驚くべき減少を遂げた。その理由は明らかでないが、若い女性の教育を推進する以外に、外からの圧力はほとんど効果がないことは確かである。たとえばエジプトの二〇〇八年のデータによると、性器を切除された女性の割合は、四十代後半では九六パーセントであるのに対し、十五歳から十九歳では八一パーセントであった。これは、大きくはないが意味のある差であり、若い世代で減っている証拠である。同年の世論調査によると、この慣習を続けた方がよいと答えた割合は、若い女性では三分の一のみであったが、年配の女性では三分の二であった。女性器切除を行うかどうかは、ほとんどの場合、母親が夫に相談せずに決めるため、この調査結果は次の世代の娘たちが切除から免れることのできる可能性を示している。さらに、いくつかの国では、最も極端な形での女性器切除が若い女性のあいだで少なくなっているという傾向も、この先の見通しが明るいもう一つの兆しである。

ユニセフが把握しているセネガルの状況にはほとんど改善がみられない。それはトスタンによる活動が活発な地域が調査対象になっていなかったからだと研究者たちは説明している。さらに、ユニセフの調査は十五歳から十九歳の女性が調査対象となっているが、セネガルでは七五パーセントが四歳になるまでに切除をしている。事実、ユニセフも、今後はトスタンの活動の効果がみられるだろうと確信している。

この問題は、非常にデリケートなものである。とくにこの慣行に対する批判が「外部」からなされると、その地域の人々の培ってきた文化的、宗教的、そして時には政治的な伝統を壊そうとしている、と捉えられてしまう。それでもなお、女性器切除という女児に対する虐待は、その慣習のある国の政府や国連などの国際機関が見ないふりや容認をするには、あまりに深刻、かつ、重要な問題である。害のあるこの慣習を撲滅する努力を継続していくためには、トスタンのような地域に根づいた活動が支援され、同様の試みが他の地域にも広がっていく必要がある。

第16章 幼児婚とダウリー殺人

もう一つの広く見られる深刻な性的暴力の例は、幼い女児の結婚である。たいていの場合本人の合意もなく、本人の利益に反して行われる。十八歳に満たない年齢で結婚する女児は毎年およそ千四百万人に達する。そして幼児婚をする女児の九人に一人は十五歳にもなっていない。十五歳未満の割合は南アジアで四八パーセント、サハラ以南のアフリカで四二パーセント、ラテンアメリカとカリブ諸国で二九パーセント、中東と北アフリカで一八パーセントである。貧困家庭の女児は、裕福な家庭出身の女児に比べて、二倍近く幼児婚が多い。幼児婚は多くの社会で実践されている。その主要な理由は、女の子に男の子と同じ価値が認められておらず、家族にとって足手まといと思われることが多いからである。貧困が要因の場合は、娘を結婚させることは、養育の必要を解消する都合のいい方法である。女児の家族に払われる「花嫁料」も、花嫁の家族にとって経済的な誘因になる。

また、深刻な虐待につながりやすい伝統的な習慣は、花嫁の家族によるダウリー（持参金）の支払いである。とくにインド、パキスタンやその隣国で、最近ダウリーの習慣がますます広まる傾向があり、支払われる金額も増加している。貧しい家族への負担はとくに重く、これを認識してインドや他の国では、ダウリーを違法としている。しかし貧しかろうと裕福であろうと、法律はたいてい無視されている。女児は家族にとっての負担とみなされ、未婚の女性は恥と思われているので、多くの家庭は破産してでも女児を結婚させようとする。その結果、何千人もの女性が苦しむことになる。二〇一二年一月に、『タイムズ・オブ・インディア』は、十分な金銭や宝石が花嫁の親から受け取れないときや、不満のある花嫁を親に返す（その場合はダウリーもいっしょに返す）代わりの手段として、貪欲な夫や親戚による花嫁殺害が増加していると報じている。この悲惨な犯罪は「ダウリー殺人」と呼ばれ、インドの女性団体はこれに対してもっと厳しい法律を作るように強く働きかけている。一九八六年にダウリーが原因の嫌がらせから発生した殺人を処罰する法案が通過した。のちに夫とその家族による嫌がらせと残虐な行為による犯罪であると、さらに明確に定義する項目が追加された。しかしこれらのより厳格になった法律も、いっこうに効果を上げない。実際に裁判にかけられる事例はあっても、有罪率は低下している。二〇〇〇年には、これらの法律のもとで、六九九五件のダウリー殺人が報告されていたが、二〇一〇年には九万四〇〇〇件が報告され、そのうち有罪は一九パーセントである。二〇一二年には八二三三件に減少している。有罪率のデータはまだ入手できていない。

幼児婚の妻の健康、教育、安全、及び自分の人生に関する自己決定権という基本的人権に関して不利益があることは実証されている。十五歳未満の幼い妻は、二十代の女性に比べて出産時の死亡率が五倍も高い。また、十八歳未満の母親から生まれた子どもは、わずか二年の年齢差であるが、二十歳以上の母親から生まれた子どもより、生後一年以内に死亡する確率が六〇パーセント高い。幼児婚をした女児のほとんどが学校をやめさせられ、自分や家族を養う能力を習得する機会を奪われる。さらに幼い妻はＤＶや性的虐待を受けやすい。これらの統計は、国連機関の出版物から引用している。このような虐待は、子どもの権利条約にも女子差別撤廃条約にも反する。

幼児婚という虐待が現在のような比率で続くならば、毎年およそ一五〇〇万人の女児が被害者リストに追加されることになる。この悲惨な状況は、国際社会でほぼ無視されてきた。幼い女児ははっきり意見を言えず、家族は身勝手な経済的な欲求を優先し、政治指導者は強制的な幼児婚を伝統的で宗教的な文化によるものであり、それを禁止するのはタブーだとみなしたからだ。

二〇〇七年にネルソン・マンデラによって、元政治指導者、平和活動家、人権擁護者が招集されて「長老の会」というグループを作り、私もその一員である。マンデラが私たちに設定した目標は、平和、人権、気候変動、及び病気を含む問題を解決するために、「合計すれば約千年に及ぶ私たちの集合的な経験」を活用するということであった。メンバーの基準の一つとしたのは、公職に就かず、政治的な圧力を受けていない、ということだった。いまは公職を退いているが、私たちは全員、トップレベルの経験をもっている。*

「長老の会」は、中東や南北スーダン、韓国と北朝鮮、ジンバブエ、キプロス、ケニア、エジプト、及びミャンマーの平和と人権を促進するため、また地球温暖化の差し迫った問題に取り組むために、活発な活動を行ってきた。しかし最も難しく、かつ、やりがいのある活動は、女性の平等を促進することだった。

宗教上の信条が女性の権利に及ぼす逆効果を懸念していることを、二〇〇八年にこの指導者どう

＊　長老の会メンバーは、マルッティ・アハティサーリ（フィンランド大統領、ノーベル平和賞）、コフィー・アナン（国連事務総長、ノーベル平和賞）、エラ・バット（インド自営女性労働者協会創設者）、ラフダール・ブラヒミ（アルジェリア外務大臣、国連特使）、グロ・ハーレム・ブルントラント（ノルウェー首相、世界保健機関事務局長）、フェルナンド・エンリケ・カルドーゾ（ブラジル大統領）、ジミー・カーター（アメリカ大統領、ノーベル平和賞）、ヒナ・ジラニ（パキスタン弁護士、人権擁護に関する国連事務総長特別代表）、グラサ・マシェル（モザンビーク教育文化大臣、ネルソン・マンデラ南アフリカ大統領夫人）、メアリー・ロビンソン（アイルランド大統領、国連人権高等弁務官）、エルネスト・セディージョ（メキシコ大統領）

しの集まりで話したところ、議論は広範囲に及んだ。信仰を実践しているプロテスタントとカトリックのキリスト教徒、ユダヤ教徒、イスラム教徒、ヒンズー教徒を代表する人たちが集まっていたからで、それぞれの信仰には、女性の地位について異なる方針があったためである。私たちが最終的にたどりついた結論は、宗教指導者や古くからの因習的な指導者が平等と人権の実現を目指す運動を妨害していることに、とくに注目を集めなければならないということだった。そして、「女性や女児に対する差別を、まるで高い権威による規定であるかのように、宗教や伝統を理由に正当化することは許されない。地域の、州の、国家の、さらには世界のリーダーとして働いてきた私たちには、なぜ役人たちが昔からの宗教や伝統の前提に対し口を出すのをためらうのか、よく理解できる。宗教や伝統の前提には権力が関わり、配慮が必要な領域だからである。宗教的であれ世俗的であれ、女性に対する差別を正当化するような有害な教えや習慣に反対し、変えようと力を有するすべての人に呼びかける。平等と人権についての建設的なメッセージを受け入れ、それをいっしょに強く唱えていこうと呼びかける」という声明を出した。

「長老の会」は二〇〇八年の最優先のプロジェクトとして性差別や性的暴力の撲滅を掲げ、その後すぐに、私たちが早急に直接的な貢献ができるのは、幼児婚の問題であることが明らかになった。「長老の会」は、同じ問題意識のもとに、幼児婚の習慣を終わらせようと努めている五〇か国以上に及ぶ三百以上のNGOと、世界的な連携を構築した。私たちはこの組織を「ガールズ・ノット・ブライド（女児は花嫁ではない）」と名づけた。「長老の会」が全面的にその目標をサポートしてはいるが、二〇一三年に独立した組織になった。連携しているＮＧＯはそれぞれの地域で活動を続けながら、幼児婚への国際的な関心を高め、実質的に進展している。幼児婚の慣行を批判する国連総会決議が採択を目指して、国連人権理事会でこの問題を取り上げる計画が発表されている。

そのあいだに、ほかの行動も始まっている。二〇一三年にヒューマン・ライツ・ウォッチは南スーダンに関する九五ページの報告書を出し、女児や女性が結婚を拒否しようとしたり虐待的な結婚から逃れようとしても、ほとんど保護を受けられない状況や、苦境に置かれた女性たちが一息つくことも許されない厳しい状況にあることを伝えている。アメリカ議会は、人権年報に幼児婚の問題の項目を作ることを求め、また、外交的あるいは政治的な取り組みを含めて、幼児婚を防止する政策立案を国務長官に委任する法案を通過させた。国連と世界銀行が共同で、幼児婚に関する問題意識を喚起し、幼児婚の慣習のある国には、やめるよう呼びかけることを公表している。

たくさんの心強い展開がある。一つは、幼児婚と奴隷制の関連を調査し、女児が自分の意思に反する行動を強いられたときには確実に効力を発揮し、懲罰を科すことができるように、国や地域の法律を明確に改良するよう努めていることである。多くの共同体で、根強く幼児婚が続いているものの、この努力は明らかに効果も生んでいる。二〇〇五年の調査の対象となった九二か国で、四十五歳から四十九歳の女性のうち、四八パーセントは幼児婚で結婚していたが、いま二十歳から二十四歳の女性では、三五パーセントにまで減少している。この傾向は喜ばしいニュースである。それでもまだなお、その割合は高い。

第17章

政治、収入、そして母性の健康

国連の世界人権宣言にもかかわらず、女性たちの全面的で平等な政治参加は、世界のあちこちで相変わらず否定されている。アメリカもこの問題の解決に努めてきた。「すべての人は平等に創られている」と宣言されてから九四年後の一八七〇年に、アメリカ合衆国憲法の修正第一五条で黒人男性に投票権を保障した。その五〇年後に、アメリカの女性が、同じ権利の憲法による保障を獲得した（しかし、ほぼ例外なく、この権利を実際に享受できたのは白人女性だけであった）。それ以降、ゆっくりではあるが進展してきた。フランクリン・D・ルーズベルトが、閣僚ポストに女性を任用した最初の大統領である。そして私を含めて続く大統領たちは、閣僚やホワイトハウスの職員として、主要ポストに女性を当ててきた。ますます多くの女性たちが、知事として、上下院議員として、大企業の最高責任者として活躍している。インド、パキスタン、インドネシア、イスラエル、イギリス、フィリピン、リベリア、ニカラグアなど、さまざまな国で、女性の大統領や首相が誕生している。これらの国の主な宗教も、ヒンズー教、イスラム教、ユダヤ教、キリスト教と多様で、地球最大の民主主義国である三国のうちの二つが含まれている。

私はエモリー大学の特別教授に任じられ、人文科学、法学、神学、医学、看護学、公衆衛生、ビジネスと、すべての学科で講義をしている。いつも私は三〇分ほど話をして、そのあと学生たち（ときには教授たち）からの質問に答える。私がよく取り上げるテーマは人権で、性差別にも触れることが多い。私が「アメリカで投票権が女性に与えられたのはいつか」というひっかけ問題を出すと、すぐに手が挙がり、誰かが「憲法修正一九条が可決された一九二〇年」と普通に答える。この修正条項が適用されたのは、白人女性だけであったこと、すべての黒人女性が投票権を獲得したのは、リンドン・ジョンソン大統領のもとで投票権法が成立した一九六五年であることを私は指摘する。この事実が明らかにするのは、人種や宗教、性に基づく差別は相互に関連しているということである。

世界で、女性がはじめて投票権を獲得したのは、ニュージーランド、オーストラリア、北欧諸国を先頭に、二十世紀初頭のことである。最も遅かったのがアラブ諸国で、サウジアラビアはいまでも女性の投票権を認めていない。（二〇一五年には認めることになっているが、同様の約束が二〇〇九年にも、二〇一一年にも破棄されている）。つい最近になって、政界の主要な役職に女性が就くようになって実質的な進歩が始まっている。いまや一四か国に女性の元首がいるが、中でも有名なのはドイツのアンゲラ・メルケル、ブラジルのジルマ・ルセフ、アルゼンチンのクリスティーナ・キルチネル、リベリアのエレン・ジョンソン・サーリーフ、韓国のパク・クネ、マラウイのジョイス・バンダである。国会議員は世界中に四万六五〇〇人いるが、そのうち女性は二一パーセントを占める。ルワンダが六四パーセントでトップに立ち、キューバは四九パーセントである。北欧の五か国の平均は四二パーセント、西半球の国会で見ると二五パーセント、ヨーロッパは二三パーセント、サハラ以南のアフリカで二五パーセント（ナイジェリアは七パーセント）、アジアは一九パーセント、アラブ諸国で一六パーセントである。まだ十分とは言えない。

一九七六年に私が大統領に選ばれたとき、アメリカの国会にはわずか一八人の女性議員しかいなかった（約三パーセント）。しかし、その数は着実に増えて、二〇一二年には一〇二人の女性の国会議員が当選した。それでも全体の一八パーセントにとどまり、世界の平均をかなり下回っている。政治への女性参加で、アメリカは七八位にとどまっている。州などの地方自治体では、現在、七三人の女性が州全体に責任を担うポストに選出されていて、全体の二三パーセントに当たる。一九九三年が最も高く、二八パーセントであったが、それから徐々に減少している。人口がほぼ一千万人に達するロサンゼルスで、州全体では、市議会にたった一人の女性議員がいるだけだ。先日その女性議員が、「私が小学生の頃には、市議会に五人の女性議員がいた」と言っているのを耳にした。

人種差別に関してもそうであるが、歴史によって刻まれた社会的な仕組みを変更するのはなかなか容易ではない。たとえ変えたいと強く思っても、困難が伴う。私は大統領として、連邦地方裁判所や連邦最高裁における女性の裁判官の不在を改善しようとしたが、困難に直面した。ポストに空席がある場合も、ホワイトハウスの職員が関係者である州の上院議員と協議し、可能性のある候補者のリストを大統領に提示するのが通常の手順である。そして大統領による裁判官の推薦が上院に提示され、承認を受ける。私が大統領に選任される以前は、女性の連邦裁判官は八人しかいなかった。私はこの不均衡を是正しようと決めた。私の任期が終わるまでに、連邦裁判所の四五パーセントのポストを任命する機会があった。

当時、資格のある女性の任命が難しかった一番の理由は、法科大学院の女性の修了生が少ない上に、修了しても、弁護士事務所のトップや、大学の法科大学院の学部長クラスになるほど十分な勤続年数を重ねた女性が多くなかったことである。もう一つの問題は、多くの上院議員がそのような役職に就いている男性とたいてい公私ともに親しいことだった。ホワイトハウスの職員と私が任命した司法長官のあいだでも、議論があった。司法長官は、女性やマイノリティの有資格者がほとんどいないとこぼしていた。裁判官として働く女性に対するあからさまな偏見もあった。じつに「上院議員らしい礼儀」で、私の選任を妨害できる上院議員も少なからずいた。

このような障害にもくじけず、私は歴代大統領による成果の合計の五倍にあたる女性の任用に対する上院の承認取りつけに成功した。加えて、マイノリティからの裁判官の登用をかなり増やすことができた。また、幸運にも、私が指名した候補のうち、八八パーセントが上院に承認された。心強いことに、私のあとに続く大統領も、女性裁判官の数を増加させた。現在、アメリカでは女性裁判官は合計で約二五パーセントを占める。それに比べて、世界の平均は二七パーセントである。このことは、アメリカほどの最良の環境にあっても、女性が行政、立法、司法の領域で自分の能力を存分に発揮し、平等に活躍する段階にいまだ到達できていないことを明確に示している。

女性の候補者に関して、最も興味深く、またきわめて満足している経験の一つは、あるインドネシアの役人が一九九四年に私たちを訪ねてきたところから始まる。その役人は自分で設計した小型飛行機を作るための敷地を探していた。運搬用貨物機を旅客機にごく短時間で改造しようというものだった。彼こそB・J・ハビビで、インドネシア出身の非常に優秀な実績のある航空技術者である。ドイツで学位も取得し、革新的な機械の設計者として有名になった。スハルト政権で研究技術省の大臣に就任していた。

私は工場に最適な場所はジョージア州だと強く勧めた。私たちは長時間にわたって、彼の興味深い経歴と、政治の世界でのこれからの活躍について、楽しく話をした。私はカーターセンターでの取り組みを説明した。困難な状況下で実施されることの多い選挙を監視する仕組みを導入したことも話した。その後も数回、互いに連絡をする機会があったが、工場建設の計画は結局取りやめになったという知らせが来た。あとで、スハルト大統領が自宅監禁になり、汚職で訴えられているという記事を読み、驚いた。スハルト大統領は、政治家ではない技術者を副大統領に選任していた。スハルト大統領が辞職に追い込まれたとき、ハビビは世界で最も大きいイスラム教国家、四一年にわたって独裁者たちの統治が続いた国家の大統領になったのである。

数週間後に大統領になったハビビから私は電話を受けた。はじめて実施する民主選挙を監視するチームをカーターセンターが指揮してくれないかという依頼だった。私は同意した。私たちは短期集中でインドネシアの歴史と文化を勉強した。そしてわかったことは、国会の五百の議席を目指して立候補者を出している政党は五〇近くもあること、二百人以上の議員が、軍、女性、若者などのカテゴリーから追加されることになっていることだった。招集されれば全体で七百人になる議会が大統領を選ぶのであるが、選挙で最も優勢であった党から選ばれると予側されていた。

ロザリンと私はまずバリに赴いた。バリは美しい観光地であり、有力な女性候補者メガワティ・スティアワティ・スカルノプトゥリの拠点であった。彼女はメガワティとして知られ、インドネシアの初代大統領スカルノの娘であった。長い竹の竿の先に、小さな党旗をはためかせて候補者への支援を表明するのが習わしであった。メガワティへの応援は圧倒的で、とくに小さな村や田舎で顕著であった。インドネシアは西太平洋に広くまたがる約一万九〇〇〇の島から成っている。カーターセンターの一〇〇人の監視官は、可能な限り多くの主要な投票所を担当した。

多くの候補者のあいだで熱い論争が交わされていたが、国民は自分自身の政治リーダーを選ぶ機会を得たことに興奮し、法律と選挙規則を注意深く守ろうとしていた。登録有権者の九〇パーセントが投票し、公正に集計された。その結果、メガワティの党が三六パーセントを獲得して勝ち、スハルトとハビビの与党が二三パーセントを獲得した。他の三党がそれぞれ一〇パーセントの支持を得て、残りの票は小規模の政党に分かれた。

監視官のほとんどは票の集計が終わるとアメリカに帰ったが、国会が召集され、大統領が選出されるのを見守るために数名を残した。ハビビは大統領に立候補せず、メガワティが選ばれるだろうというのが、大方の予想であった。しかし女性が最高の地位に就くことに対して、過激なイスラム教徒たちの一部から強い反対があり、国会は代わりに、グス・ドゥールという通称で知られるアブドゥルラフマン・ワヒドに投票した。宗教指導者であり、以前は改革に向けてメガワティと力を合わせていた。ワヒドの政党は一〇パーセントの得票と議席数しか獲得していなかったので、この決定は激しい非難を受けた。そのため議会はメガワティを副大統領に選ぶという妥協をした。数か月でワヒドは適任ではないことが判明し、二〇〇一年に辞職させられた。そしてメガワティがインドネシア初の女性の大統領に就任した。パキスタン、トルコ、バングラデシュに続いて、イスラム教国で四番目の女性最高行政官の誕生であった。メガワティやその他の党首たちは、二〇〇四年の次の選挙でも、カーターセンターに選挙の監視を依頼してきた。憲法が改正され、大統領は直接選挙で選ばれるように変更された。そして現職のメガワティは決選投票で敗れた。

インド(八一パーセントがヒンズー教徒)、アメリカ(七六パーセントがキリスト教徒)、インドネシア(八七パーセントがイスラム教徒）というように、世界最大の三つの民主主義国家で、興味深いことに、多数の人々が信じる宗教が異なっている。そのうち二つの国が女性を政治の長に選んだのである。

労働に対する報酬の性差別は、最もよく見られるものであり、なかなか克服できない性差別の一つである。女性が高学歴になるにつれて、私が三〇年前に大統領だったときから、ゆっくりではあるが着実に女性の社会進出は進展している。三〇年前のアメリカの男女の賃金格差は三九パーセントだった。いま、女性はアメリカの労働力の半数を占め、男性よりもたくさんの学部や大学院の学位を得ているが、政府の統計は、フルタイムで働く女性の給料は、いまでも男性より二三パーセント少ないことを示している。アメリカの国勢調査局の二〇〇一年の報告によると、フルタイムの女性の年収は男性の七六パーセントである。二〇一二年には七六・五パーセントになったにすぎず、この一〇年のあいだに、ほとんど改善が見られない。

国ごとにさまざまな報酬の平等のかたちがある。経済協力開発機構（ＯＥＣＤ）には、民主主義と自由企業の経済システムに取り組む三一か国が参加している。ＯＥＣＤの報告によれば、男女の賃金格差の現状は、ニュージーランドの四パーセントから、韓国の三七パーセントまで多様で、世界の平均は一八パーセントである。先進国でさえ、同じ労働に対して女性は男性よりも少ない報酬しか得ていない。

管理職レベルの格差は、さらに顕著である。最近の統計によれば、『フォーチュン』誌のランキングするアメリカ上位五百社のうち、女性のCEOはわずか二一社である。そしてこのトップレベルで、女性が受けている報酬は平均で男性よりも四二パーセント少ない。興味深いことに、NPOの「カタリスト」の調査では、重役の五分の一以上を女性が占める企業のほうが、女性の重役が全くいない企業よりも、二六パーセントも投資利益率が高い。おそらく女性重役の存在が、より広い視野を可能にし、意思決定の過程を改善していると思われる。あるいは、柔軟性と革新性のある企業が、経営のトップレベルに女性を起用する傾向があるということかもしれない。柔軟と革新こそ、企業が成功する秘訣である。

経営に女性を参加させることが、ビジネスにとって有益であることを、あらゆる証拠が示している。にもかかわらず、この変化はゆるやかにしか起こっていない。マッキンゼー・アンド・カンパニーによるヨーロッパの主要企業二三五社の年次分析が示すのは、管理職の女性を増やそうという努力が数社共同で実施されたが、進展はきわめて遅く、この一〇年でわずか六パーセントしか増加していないという事実である。二〇一二年の報告で、「現在のペースで改善が行われたとしても、一〇年後の女性の重役や経営者の割合は二〇パーセントにも達しないだろう」と結んでいる。マッキンゼー社が調査した企業は、全体では三七パーセントが女性社員であるが、取締役のわずか二パーセント、執行役員のわずか九パーセントが女性だった。

「長老の会」の仲間であるグロ・ハーレム・ブルントラントがノルウェーの首相（一九九〇―九六）を務めていたとき、労働党を率いて、政治的な委員会や選ばれた集団で、男女それぞれ少なくとも四〇パーセント含まれることを求める法律を通過させた。四〇パーセントの比率を達成するために、十分な資格を備えた男性を見つけることが難しいこともあると、ブルントラントは私に教えてくれた。その後二〇〇三年に、ノルウェーでは、公的な取引のある企業のすべてが取締役に四〇パーセント以上の女性を任用しなければならない、さもなければオスロ証券取引所から排除するという法案が可決された。それから一〇年が経ち、この法律の効果についてはさまざまな意見がある。比較的少人数の女性が、いまや多くのいろいろな取締役のポストに就き、「ゴールデン・スカート」として知られるようになっている。『ニューヨークタイムズ』は、ビジネスで重要な地位にさらに多くの女性が就任して成功を狙ったものの、「その法による規定の波及効果はまったくなかった」との意見の一つを引用している。しかし一般的な意見は、この法律は社会全体に女性の平等を促進したというものである。ノルウェー社会調査研究所の主任は、女性の幹部が増えると、景気の動向が「わずかだが上向く」と述べている。

私がプレーンズ高校の生徒だった頃、男性の教諭はたった二人しかいなかった。一人の男性教員は、私のような将来農業従事者になる男子生徒だけの教育を担当していた。一九四一年にジョージア・サウスウェスタン大学に入学すると、すっかり状況が変わっていた。そこではほとんどの教授が男性だった。アメリカ大学婦人協会（AAUP）の二〇一一年の報告によれば、私自身が大学生だったときから三〇年になる一九七四年から七五年で、フルタイムの教授のうち、女性はわずか二二パーセントである。続く三六年間でその割合は増加したが、それでも平均四二パーセントにしかならない。

高等教育において、女性の割合が高い分野でさえ、女性の経済格差はいまも一般的である。AAUPの報告によると、女子学生の割合は学部でも大学院でも五七パーセントと上昇している。しかし常勤の教授の地位を得る女性はたったの二八パーセントである。現在、大学の学長の二三パーセントが女性である。この二五年間でその数は倍増したことになる。しかし全体的な給料格差は一般的な職種とほぼ同じで、フルタイムの教員の地位にある女性の給与は男性のおよそ八〇パーセントである。

イェール大学の二〇一三年の調査は、科学、技術、工学、数学（STEMと言われる基幹科目）の分野の常勤ポストには、同じ資格の女性よりも、若い男性のほうが雇用されやすいことを明らかにしている。女性が採用された場合は、男性の年収よりも平均で四千ドル近く下回る。衝撃的なのは、インタビューを受けた女性科学者たちが、男性科学者と同じ偏見を女性の雇用や給与額に関して、抱いていることである。

一方、この四〇年で、工学は〇・二から二二・五パーセント、地学は三から三六・六パーセント、物理学は三・七から二七・九パーセントと、女性の博士号取得者の割合が増えていることは心強い。それでも、常勤の教授の職位に就いている女性は、男性に比べると、きわめてわずかである。ここ一年の心理学の博士号の六二パーセントは女性に授与されているが、そのうち、終身在職権のある職に就いているのは、一九パーセントにすぎない。

地域及び専攻分野に目を向けると、アメリカの大学では、男女差がかなりあり、その差は地域によって異なる。たとえば二〇〇五年には、南東部では、男子学生よりも女子学生のほうが四〇パーセント多く、ユタ州では一〇パーセント少なかった。同年の各専攻分野の女子学生の割合は、芸術・人文系が五三パーセント、生物が五三パーセント、ビジネスが四三パーセント、教育が六九パーセント、工学が一五パーセント、物理学が四三パーセント、社会科学が六六パーセント、技術系が二七パーセント、コンピュータ・サイエンスが二二パーセントである。このような専攻分野選択の差異は、家族からの影響、個人的な好み、特定の教員へのあこがれ、雇用の偏りなど、さまざまな要因の結果であって、入学審査の差別が顕著にあるわけではない。

大恐慌とともに子ども時代を過ごした私は、女性が出産中や直後に命を失うこともあるという、まさに現実の恐怖を覚えている。当時、アメリカ女性たちの出産の合併症で死亡する確率は、一〇万の出産に対して六百件以上だった。黒人女性に限れば出産による死亡率はもっと高くなる。私の母は地域の「アーチェリーコミュニティ」でアフリカ系アメリカ人の助産師と一緒に働き、その技術の向上を図っていた。異常出産が予想される場合を除いて、通常は妊婦が病院にかかる習慣がなかった。しかし比較的裕福な家庭では、経験を積んだ産科医を呼び、自宅分娩に付き添ってもらうことができた。母はプレーンズにあるワイズ療養所の手術室担当の看護師で、主任外科医のサム・

ワイズは、母が出産で任務から離れる時間の短縮を強く望んでいた。たまたま空室があって、母はそこに入院した。そして私は病院で誕生したはじめての大統領ということになったのである。

出産中に抗生剤やより進歩した消毒技術が導入されるようになり、全般的にアメリカ女性の出産時死亡率は劇的に低下し、一九八七年には新生児出生数一〇万件に対して死亡率七・二まで低下した。しかしその後死亡率は上昇している。貧困などの理由で、黒人女性は白人女性よりも三倍から四倍、妊娠や出産での死亡率が高い。疾病対策予防センターが一九八七年に妊婦の死亡原因の調査をはじめたときは、四件に一件超の割合で大量出血が死亡につながっていた。いまでは心臓発作などの心臓や血管の疾病のほうが多くなり、肥満がその原因となっている。

妊娠、出産、そして育児などの責任と義務があるため、女性の身体はきわめて損傷を受けやすい。私の立場からすると、女性のニーズを知り、女性が公正かつ平等に医療を利用できる権利を確立することこそが、生命倫理の仕事の核である。自由市場に基づく仕組みは、部分的には効果を発揮してはきたものの、平和と正義の世の中を実現できなかったのは明白である。宗教は声を上げなければならない。人間の生活には市場原理の対象にはならない領域があるのだと。その最たるものは、愛、家族、人間の身体の領域である。人間の生活のそのような側面を公正に売買する方法はないし、公正な商品化もできない。なぜなら、それは商品取引の言語の外にあるからだ。ここで私たちに必要なのは、ホスピタリティ、寛容、豊かさ、愛に関する言語である。

アメリカ宗教学会会長　ローリー・ゾロス博士（生命倫理学）

地球規模でみると、女性が適切な医療にアクセスしにくいことが、女性に対する差別が最も顕著に表れている例である。世界保健機関によると、世界の女性の死亡原因として、ＨＩＶまたはＡＩＤＳ感染、マラリア、結核に続いて、四番目にくるのが、出産時の劣悪な環境である。医療全般の向上に伴い、大幅な改善が多くの地域でみられる。一九八〇年は私の大統領任期の最後の年であるが、当時は世界で五二万六三〇〇人の女性が妊娠あるいは出産で死亡していた。二〇一〇年には、二八万七〇〇〇人となり、四五パーセント減少した。国連ミレニアム開発目標は二〇一五年までに七五パーセント減少を呼びかけたが、明らかに達成は困難であろう。サハラ以南のアフリカでは、妊娠と出産による死亡率は実際に上昇している。世界的に、妊娠と出産による死亡の九九パーセントが貧しい発展途上国で起こっている。豊かな国と貧しい国のあいだにある母体ケアの著しい格差が、妊産婦の死亡率（ＭＭＲ＝一〇万件の出産に対する母親の死亡件数）に明確に表れている。

世界保健機関とユニセフが発表した最新のデータによると、ＭＭＲの世界平均は二一〇であるが、エストニアの二からチャドとソマリアの一〇〇〇までの幅があり、サハラ以南のアフリカのすべての国の平均は五〇〇である。北欧諸国や西欧の平均は一〇を下回る。アメリカは二一である。どの国よりも平均して患者一人当たりの医療費が高いアメリカが、ここでは先進国の中で最低の数字である。合計して最も大きな死亡数になるのはインド（五万六〇〇〇）で、MMRは二〇〇、次いでナイジェリア（四万）で、MMRは六三〇である。当然、妊娠と出産での死亡は、十五歳以下の思春期の女児が最も多い。死亡には至らなくても、出産後の女児に降りかかる悲劇的な状況ははかりしれない。

この問題の是正に向けて大きく進展している国はエチオピアだ。世界最貧国の一つに数えられる国である。圧政的な共産主義独裁者のハイレ・メンギスツがまだ政権を握っていた一九八八年から私たちは訪問している。メンギスツは就寝中の皇帝ハイレ・セラシエを自ら窒息死させ、多くの人口を抱える国の政権を獲得したのだった。そして西側諸国はすべてメンギスツ政権とは外交関係を断絶していた。一九八九年にタンザニアの農業計画を視察中に、私は国際赤十字と国連難民高等弁務官から緊急の要請を受けた。アディズアベバに行き、エチオピアにある二つの大きな難民キャンプに物資を運べるように交渉をしてほしいということだった。隣国ソマリアとスーダンで起こった戦争による荒廃から逃れた人々が難民キャンプに身を寄せていた。国際赤十字や国連と討議して、メンギスツは難民キャンプへの接近を禁じたのである。ロザリンと私はメンギスツと会談の約束を取りつけた。すぐさまメンギスツは、二つの機関が食糧と水、医薬品の難民キャンプへの運搬を認めてほしいとの私の提案を、軍が運搬を監視することを条件に受け入れてくれた。私はエチオピアに関心を抱くようになり、のちにティグレ州出身の革命家メレス・ゼナウィと親しくなった。メレスはやがてメンギスツを倒し、ジンバブエに永久追放した。

メレスは何回かの選挙後に首相に就任し、国民の境遇改善のために多くのプロジェクトを開始した。とくに彼が力を入れたのが地方である。私がエチオピアを訪問したあるとき、医療従事者の教育に関してカーターセンターへの協力依頼がメレスからあった。前にも述べたように、私はこの依頼を引き受け、エチオピア中の女性が助産術の恩恵を受けられるようにすると強調した。エチオピアでは妊娠と出産による妊産婦死亡率がきわめて高かったからである。これらの医療従事者は、マラリアやトラコーマ、ギニア虫、河川盲目症の治療と撲滅など、エチオピアでカーターセンターが進めている他のプロジェクトにも貢献してくれた。まだ一人当たりの収入レベルは低いものの、エチオピアは啓蒙的な首相と、献身的な内閣、自分たち自身の生活改善に強い意志をもつ市民たちのおかげで、大きく前進している。私たちはいまスーダンとナイジェリアでも、公衆衛生従事者のために同様の教育プログラムを計画しているところである。

二〇〇八年には国際通貨基金がエチオピアの発展の速度を、「非石油輸出国としては、サハラ以南のアフリカで最速」と述べている。エチオピアはまた、投資家にとってアフリカで二番目に魅力的な国に位置づけられた。メレスにはアフリカ政治指導賞が贈られ、メレスは二〇万ドルをフレ・アディス・エチオピア女性基金という機関に寄付した。この基金は、貧しく身寄りのない地方の女児たちが教育を受け続けることができるように支援し、「教育機会の拡大による女性のエンパワーメント」に貢献している。

ポスト二〇一五年開発アジェンダを制定するために、集中して作業が行われている。この目標が国連に採用されれば、母体の健康が、目標未到達問題として最優先事項の一つになることは、間違いない。政治、経済、仕事、教育における性差別が広く知られるようになり、合わせて女性団体がさらに強く要望を出し続ければ、これらの不当な差別は次第に縮小していくだろうと期待する。

第18章
進歩への道

女性をさげすむ宗教はない。憎しみは神の心から生まれるのではない。もし憎しみがあるとしても、その源は創造主ではない。人間だけが他者を実際の存在よりも軽く見たり扱ったりできる。ジェンダーに基づく制限や暴力の束縛から女性、女児、男性、男児を解放するために変わらなければならないのは、私たちの精神と心である。その変化は、いま、まさにこの瞬間に、何千という家庭で、学校で、シナゴーグで、チャペルで、モスクで、世界中の権威のある施設で、起ころうとしている。変化が現れようとしている。信じなければならない。変化はいままさに到来しようとしている。

ウィメン・スライブ・ワールドワイド共同設立者、代表　リツ・シャルマ

さまざまな国がどのように男女平等を達成しているかを評価したり、進展状況を確かめたりする方法があれば、とても興味深いし、役に立つ。世界経済フォーラムは過去七年間に「世界男女格差レポート」を出し、このようなアセスメントの提案をしている。このレポートは「各国の資源や機会の全体的なレベルは別にして、資源と機会の男女平等の配分に関する各国の取り組みを評価」するものである。この評価に使われている四つの基本的な規準は、①経済への参加と機会（給与額と専門的な雇用）、②教育の達成（基礎教育と高等教育）、③政治的エンパワーメント（意思決定への参与）、④健康と寿命（平均余命と存命の子どもの性比）である。

一・〇〇〇〇点が男女の完全な平等の指数になる。アイスランドが〇・八七三一点で最高点、他の北欧諸国、スイス、アイルランド、ニュージーランド、フィリピン、ニカラグアがトップテンで、いずれも〇・七七〇〇点以上である。順位と得点で興味深いのは、キューバ（〇・七五四〇点で一九位）、アメリカ（〇・七三八二点で二三位）、イスラエル（〇・七〇三二点で五三位）そしてバングラデシュ

（〇・六八四八点で、イスラム教国では一番の七五位）である。レポートの全情報はインターネットで閲覧できる。個々の要素をみると、アメリカは賃金の平等という観点では六七位、政治の要職に就いている女性の数という観点では六〇位である。

レポートは一三六か国の男女平等の状況を分析している。女性は約半分の国民の能力を担っているはずで、女性の処遇とその国の経済的状況は、通常、密接に関連している。予想通り、アラブやサハラ以南のアフリカの国々は、きわめて低い順位である。一般的な結論として、調査が行われた七年間に、多くの国で、男女の格差縮小は非常にゆっくり進展している。アメリカは二〇〇六年の〇・七〇四二から七年間でおよそ五パーセント向上しているが、世界の順位は昨年の二二位から二三位に落ちている。つまりアメリカ以上に向上した国があったということだ。

女性の権利を強化しようという世界の動きが今後期待できるのは、公的なものではないものの、各国のファーストレディなどの著名な女性たちの力である。公選職ではないが、彼女たちの影響力ははかりしれない。私の知る例をいくつか挙げてみたい。アメリカでの、この最も顕著な例は、エレノア・ルーズベルトである。彼女は夫が大統領のとき、まだ公民権運動のうねりが起こるずっと前だったが、勇敢にも黒人のために発言したのである。フランクリン・ルーズベルトが南部で圧倒的な支持を得て再選を果たしたときでさえ、南部の多くの人々が彼女を侮蔑していたことを、覚えている。南部は当時、圧倒的に民主党の支持基盤だった。第二次世界大戦が終わり、各国が争いを収束させる合意を結び、人権保護への努力を始めたとき、エレノア・ルーズベルトはアメリカの代表として、世界人権宣言の制定に主要な役割を果たした。世界人権宣言は優れた文書であり、現代の分裂した社会では制定も承認もされなかったであろうが、女性や女児を虐待から守るために尽力している個々の人々や団体にとっては、世代を超えて受け継がれるゆるぎない理念の基本であり、精神的なよりどころである。

リンドン・ジョンソン大統領は一九六〇年代半ばの公民権法制定の調整において、アメリカ連邦議会で並外れた力を発揮した。「レディバード」の愛称をもつジョンソン大統領の妻は、魅力的な人柄とファーストレディという立場を有効に活用して大統領の施策を助けた。彼女は自生の灌木と花で、アメリカ中のハイウェイと都市を美化する考えを思いついた。前例を破り、議会に直接働きかけ、ハイウェイ美化法の通過に貢献した。任期終了の後にも、夫が政治的に顕著な存在になる前に設立していた同族のメディア複合企業の経営に携わった。ロザリンと私はその頃頻繁に彼女やその家族を訪問していた。

私たちがはじめてベティ・フォードと知り合ったのは、彼女がファーストレディとしてジョージア州知事公邸を訪問してくれたときである。夫のジェラルド・フォード大統領の熱烈な支持者であると同時に、彼女は女性の権利推進のパイオニアであった。男女平等憲法修正条項を国会にかつてないほど強く訴え、自身が乳腺切除の手術を受け、鎮痛薬とアルコールの中毒になったときには、乳がんと薬物中毒について公然と発言し、有名になった。その後、彼女とロザリンはワシントンに出向き、自分たちのプロジェクトのためのロビー活動をしたものである。民主党にも共和党にも働きかけ、アルコール中毒、薬物中毒、精神疾患の治療を助ける法律制定を促進しようとした。

ロザリンは私の知事選挙や大統領選挙で積極的な役割を果たしてくれたが、彼女が活発に推進しようとしたのは、彼女自身のプロジェクトであった。州レベルでも、連邦レベルでも、有識者会議を立ち上げて指揮し、精神保健を推進した。そしてホワイトハウスを去ってからずっと、ロザリンは精神保健の普及達成の世界的リーダーである。男女平等憲法修正条項を通過させるため、何百人という議員に電話をし、賛成票を入れてくれるよう説得するのに疲れも知らず働いたが、結果的には批准されなかった。安全保障を含む国家機密は別として、私は主要問題をすべてロザリンと話し合い、自身で決断できないときは彼女に助言を求めた。つねに彼女の意見を受け入れたわけではないが、職員や閣僚たちは私に直接意見を言うよりロザリンを通すほうが効果があることを知っていた。彼女と私も、これを二人のあいだのジョークとして笑い合ったものである。

カーターセンターの設立と運営に関しては、ロザリンは完全に私のパートナーである。世界中の女王やファーストレディの協力を得て、ロザリンは精神保健の推進者として抜群の働きをしてきた。ロザリン・カーター介護研究所は、アルツハイマー病や他の消耗性疾患で苦しむ身内を看護する人々の潜在的援助やニーズに関して、パイオニアとして取り組んでいる。何万人という献身的なボランティアが、韓国から発信されるオンラインの授業を受けて勉強している。この本を書くことを勧めたのはロザリンで、これからもここに表明された目標の達成のために、私とともに努めてくれることだろう。すべてのファーストレディや影響力を発揮できる立場にある女性たちが、このプロジェクトに参加し、固い決意で遂行に努めてくれることを願っている。

性差別の領域における問題のアセスメントや救済の方法について、国際社会は大きく進展する歩みを示してきた。そして声明や宣言、協定は有益な効果を発揮してきた。女性についての主要な国際会議がデンマークのコペンハーゲンで開催された。当時私は大統領だった。一九八〇年七月の開催そのものに賛否両論があった。アメリカは男女平等憲法修正条項を憲法に加える批准を得られず苦戦していたし、その五年前にメキシコシティで開催された第一回女性会議で出された革新的な提言に対して多くの国が反対していた。代表団は国連及び各国に、教育機会、雇用、政治参加、医療、住居、栄養摂取、家族計画における女性の平等に関して、一九八〇年までに達成する最小限の目標を設定していた。どの宗教にも、男女平等の考えにあからさまに反対する指導者がいたし、女性の立候補をこころよく思わない柔軟性に欠ける政治家や、繊維産業などで働く女性の賃金を低く抑えたままにしたい企業も反対した。私の親しい政治的協力者の何人かも、テッド・ケネディ上院議員との接戦を強いられた最初の選挙に続き、次期大統領選に悪い影響を及ぼしかねないから、女性会議の支援はほどほどにしたほうがいいと警告してくれた。

こういう懸念とは裏腹に、コペンハーゲンで一四五か国の代表が集まると、女性の権利に関して重要な進展がなされているという点で意見が一致した。国連総会は女子差別撤廃条約（ＣＥＤＡＷ）

を採択したところだった。女子差別撤廃条約は「女性の権利の章典」と名づけられ、調印した国は批准の一年以内に、またさらに四年ごとに、条約を守るために講じる方法について報告することが義務付けられた。私の代理としてサラ・ウェディントンがこの会議で、アメリカを代表して女子差別撤廃条約に調印した。

イスラム教徒のために、神による啓示があった。すべての人の権利、とくに最も弱い者の権利を守るように、そしてすべての人の人間としての尊厳を推進するように、神は示された。神の啓示に対して、宗教指導者は沈黙してはならない。いま、世界中で行われている多くの女性や幼い女児に対する過酷な差別や虐待を思えば、行動することを拒否してはならない。女児から教育を受ける権利を奪おうとすること、女性器切除や幼児婚、搾取や奴隷化を容認することに宗教的な正当性を付与することは、真理の基礎となる原則を裏切ることに他ならない。宗教指導者こそ、この原則を守る役割を担っている。

セネガルのNGOトスタンのイスラム人権専門家、児童保護官
シャイフ・ムハメド・シェリフ・ディオウフ

イスラエルとの平和条約に調印し、アラブ連盟のほぼすべての国から批判を受けたエジプトの指導者の妻ジーハーン・サダトがコペンハーゲン会議への出席を計画したことに対して、強い反対があった。他のイスラム圏の政治リーダーたちの妻と異なり、ジーハーン・サダトは公然と女性の公正な権利を唱え、エジプトにおける一連の法改革を推進する上で重要な役割を果たしてきた。改革された法は「ジーハーンの法」と称され、たとえば離婚の際の生活費や親権をめぐる権利など、男女平等を大きく進展させた。彼女はアラブ・アフリカ女性連盟の創設者であり、児童福祉の促進や、アフリカなどの地域で起こっている戦争に代わる平和的外交手段の推進に、前例がない精力的な取り組みをしてきた。多くの国の会議に出席するにつれて、彼女は世界的に知られるようになり、アラブ諸国の政治指導者や宗教指導者による批判は、女性の権利と平和のスポークスマンとしての名声を逆に高めることになった。エジプトのファーストレディとしてのジーハーンの立場は、アラブ女性に対する世界のイメージを変えたのである。

私の心配は、アラブ諸国の政府がジーハーンのスピーチをボイコットするように自国の代表に指示したことだった。サウジアラビア、オマーン、アラブ首長国連邦から派遣された女性たちが、そのような指示に逆らうことは非常に困難であると思ったからだ。ジーハーンのスピーチの時間が近づくと、代表たちは指示に従い、集会室から退出した。出ていくときには一人ひとりジーハーンの手を握ったり抱擁したりした。

会議はすべての人に次のように呼びかけて閉会した。

女性の社会的役割を高めるために、もっと多くの男性の参加を求めよう。

女性たちがもっと政治的な意思を発揮できるようにしよう。

女性たちはすでに社会に対して重大な貢献をしていることを認識しよう。

生活のあらゆる側面において、未来の設計に女性が参加することを認めよう。

意思決定権をもつ地位に女性が不足していることによる社会的な損失がいかほどかを、算定してみよう。

合併事業、託児所、信用供与において女性がリーダーになることで得られるメリットを公表しよう。

女性が少額でも貨幣資産を借りられるようになることの意義を認めよう。

女性が政府の情報をもっと得られるようにしよう。女性に開かれているのに、まだ誰も利用していないチャンスがあることを、もっと女性に知らせよう。


参加者たちはまた、平和を推進し、経済発展を促し、植民地主義や人種差別を終わらせ、教育や医療の向上を図る女性の貢献が有益なことを、あらためて強調した。

女子差別撤廃条約は、イラン、パラオ、ソマリア、スーダン、トンガなどアメリカ以外のすべての国で批准されている。最も重要な点は、「既婚、未婚を問わず、男女平等に基づいて、また、政治、経済、社会、文化などのあらゆる分野における人権や基本的な自由に基づいて女性の自尊心、幸福、生活は保障されていると認め、それを妨害または損ねる効果や目的を有する性による区別、排斥、制約のすべて」を阻むことである。引き続き国連安全保障理事会は二つの決議を採択した。アメリカからの異議は出されず、二つの決議はアメリカにも効力を有している。決議一三二五は、国連加盟国に対して、あらゆるレベルで平和と安全保障の意思決定に女性を参加させることを求める国際法である。決議一八二〇は、軍事的戦略の一貫として行われる性的暴力の課題の克服を、国際的な平和と安全保障の維持に正式に関連させている。また、そのために実行されたこと、さらに性暴力そのものを終わらせるためにいかなる手段が講じられるかを、国連事務総長が公式に報告することを求めている。女子差別撤廃条約の範囲は他の条約よりかなり広いが、二つの決議を含めた三つの国際的な取り決めが同時に実行されなければ効果がないことは明らかである。女性に平等の地位を与えることがすべての人の利益になるという認識と、この目標に向かって積極的に努力するという使命を、これら三つは共有している。

アメリカが女子差別撤廃条約や同様の女性の権利を守るための国際的な合意を承認する際の大きな妨げは、中絶の問題である。避妊や中絶を示唆する性教育を奨励するおそれがあると、キリスト教原理主義者、アメリカ合衆国カトリック司教協議会と熱心な生命尊重派の活動家たちが協同し、通過したかもしれない法案の道を閉ざしている。自由主義であれ、保守主義であれ、キリスト教会には、発達過程の胎児は、可能な限り守られるべきだという意見の一致がある。これは私には難しい問題である。それぞれに多様な意味で、すべての中絶は、人間の過ちが重なり合った予期せぬ悲劇であり、私のキリスト教徒としての信仰は、母体の命が危険にさらされている場合とレイプや近親相姦による場合をのぞいて、親になろうという人は中絶を選択するべきではないということを確信させる。大統領として、中絶の合法化を認めたロウ対ウェイド最高裁判決を推進する義務を引き受けたが、一方で私は、性教育を普及させ、避妊具をもっと入手しやすくし、母親と幼児に特別の経済的な援助をし、養親制度を促進することによって、中絶の件数を最少にしようと努めた。

熱心な生命尊重派の活動家の多くは、生まれたあとの子どものことを配慮していない。妊娠中絶する女性の三分の二が子育て費用がないということを第一の理由としているという事実を無視している。避妊が可能で、自分と子どもが十分な医療を受けることができるという確信があり、少なくとも生活の基本的ニーズをまかなう収入を得ることができるような国では、中絶件数が少ないことはよく知られている。厳しい禁制を課す法律は、中絶数に影響しないと示されている。医学雑誌『ランセット』は、二〇一二年に、千件の妊娠に対する中絶の割合は、西欧の一二、アメリカの二三、東欧の四三と差があると報告している。すさまじい貧困にさらされ、避妊（もちろん中絶も）が禁じられている国では、五〇を超える場合もある。

十分な女子教育こそが、あらゆる社会においてのプラスに働く要因である。中絶を回避するためにアメリカの若者に避妊教育をしないのは、善意ではあっても、逆効果である。性教育は多くの国で実施されている。性教育のための政府の財源はいま十分にあるが、残念ながら、避妊に言及することを禁じる法の制限をしばしば受ける。アメリカの十代の若者の大部分が、十八歳になる前に性交渉をもつと回答しているのに、である。二〇一〇年にはAP通信社が、西欧の若者たちも同じように自由な性関係をもっているが、適切な性教育を受けていないアメリカの女子のほうが、西欧の女子よりも妊娠する可能性が高いと伝えている。二〇一〇年にアメリカでは一千人の十代の女子に対して三三例の出産があったのに対して、イタリアでは八、フランスでは七、ドイツでは五、スイスでは二であった。

中絶に対して人がどのような感情をもつかということにかかわらず、アメリカの政治には逃れがたい事実がある。女性の権利を保障する女子差別撤廃条約やその他の国際合意に対するアメリカ議会の承認を得るには、中絶の助長や融資を阻止する方策が講じられなければならないということである。これは、性教育と避妊具の使用禁止を含むものではない。

一九九三年にウィーンで開かれた歴史的な人権会議で、私は一つの基調講演を行った。その会議では、性的虐待が長い時間をかけて議論された。一年後にアメリカ議会で共和民主両党の支持によって女性に対する暴力阻止法（VAWA）が採択されたとき、私は嬉しかった。新しい法律は、これが世界人権宣言の前提であり、有能な女性たちが社会の主流分野で活躍できるようにし、さらなる経済的、社会的な進展を促進するものと認めた。女性に対する暴力阻止法は何度か再認可されたが、同性カップルや不法移民にまで拡大しようとした修正法案への保守からの反対によって、残念ながら、二〇一二年に失効した。

かつて男女平等憲法修正条項が憲法に加えられることに反対したフィリス・シュラフリーやその他の指導的立場にいる女性たち、そして多くの熱心なカトリックやモルモン教の信者たちは、最前線で女性に対する暴力阻止法に反対した。このような法律は「すべての男性は罪深く、すべての女性が犠牲者であるというイデオロギーを作る」ものであると批判し、「離婚、婚姻の破綻を助長し、男性に憎悪の感情を植えつけることを意図している」と主張した。アメリカ合衆国カトリック司教協議会は、性的指向や性自認について取り上げているという理由で反対した。しかし他の女性団体や人権団体の支持が高まり、拡大した法案は二対一の賛成多数で下院と上院を通過し、二〇一三年三月に法制化された。

新しい法律の文言は、部分的な勝利でしかない。このような法律の国際的なものは、とくに女性に対して公正でないことで知られる国に対して、国や国際機関による経済制裁や政治圧力を要求している。しかしこのような条項は、アメリカではまだ採用されていない。もっと厳しい国際的基準の法案が、両党の議員から下院に提出されてはいる。そして、上院においても両党の議員による同様の動きがみられる。その中心的な推進者であるイリノイ州の民主党下院議員ジャン・シャコウスキーは次のように述べる。

女性に対する暴力は人道上の悲劇であり、徳に反する罪であり、世界的な健康上の惨事であり、社会的かつ経済的発展の障害であり、国家の安全を脅かすものである。……共同体を破壊するために、人々に絶望感や無力感を植えつけるために、性的暴力は組織的に利用されてきた。世界の女性に対する暴力阻止法（ＩＶＡＷＡ）は、女性への暴力の根絶をアメリカの外交政策の最優先事項と位置づけ、女性と女児を対象とした健康プログラム、生存者への支援、民事・刑事の法的保護、教育機会と経済的機会を促進する。ＩＶＡＷＡが成立すれば、世界中にある性に基づく暴力との闘いの重要な助けとなるだろう。

これはどうしても解決しなければならない問題である。アメリカがあらゆる種類の性的暴力を減少させていく突出した推進力にならなければならない。

何世紀ものあいだ、売春地帯や強制的な女性の奴隷状態、またそれに伴う性感染症の拡大を阻止するための最善の方策について議論が行われてきた。この数年私は、正反対の対策を講じているヨーロッパの二か国の厚生省の大臣たちと話し合ってきた。そのうちの一つが、プラスの効果を発揮しているように思われる。

オランダ政府は二〇〇〇年に、売春を取り締まり、性感染症の発生率を下げ、性的虐待から女性や女児を守るための最善策は、規制をしつつ、売春と売春宿の経営を合法化することだという結論を出した。アムステルダムをはじめて訪ねたとき、道を歩いていくと、魅力的な女性たちが自分を売り込んでいる小窓にさしかかり、非常に驚いたことを覚えている。法律の意図は、営業許可を出し、健康診断を義務化することによって売春婦を守ることであった。その結果、売春ツアーがブームになり、二〇〇八年にはアムステルダムに許可を得た一四二の売春宿が営業し、五百ほどのショーウインドーがあった。しかし前市長は、毎年一億ドルを超える巨額の取引が、女性や不法ドラッグを密売する東欧の犯罪組織によって行われていると語っている。その結果、いまでも売春は合法であるが、女性たちを救出し、他の仕事に就くことができるように支援しようという政府の動きが起こっている。

スウェーデンは百年にわたって、男性による買春を非合法化する法律を通過させようとしてきた。一九九九年に新しい法律の草案ができ、議論されたが、次の点が重要な問題であった。女性が罰せられてはいけないという強い考えである。女性の多くが不当に引き入れられたか、実際に売春を強制されたと思われていたからである。スウェーデンはヨーロッパで女性の国会議員の比率が最も高いが、この重要な問題では意見が二つに割れた。最終的な法律は、買売春の斡旋と売春宿の経営を非合法と定めたが、売春婦は非合法の行為者とはみなされなかった。スウェーデンのセックスワーカーの数は五年で四〇パーセント以上減り、売春の価格も下落した。

他のヨーロッパ諸国は、この二つの事例を身近で観察し、ノルウェーとアイスランドはスウェーデンに似た法律を通過させた。ニック・クリストフは、「アムステルダムで客は、売春婦として働く年端のいかない東欧出身の女児に遭遇することもめずらしくないが、ストックホルムにはいない」と報告する。ドイツは売春の扱いについてオランダ方式を採用し、大きな都市で七〇パーセント以上売春が増加した。二〇一三年の十二月に私はこの原稿を書いているが、この時点でフランスでは、スウェーデンと同様の法律を採用するかをめぐって激しい議論が起こっている。法案は議会を通過し、二〇一四年一月に上院での承認が期待されている。同じ頃、カナダの最高裁は全会一致で売買春を取り締まる三つの法、つまり、売春宿の経営を禁止する法、売春の斡旋と売春婦のボディガード雇用を禁止する法、そして客の勧誘や連絡を非合法とする法を無効にした。議会はこれらに代わる法の立案に一年の期間が与えられた。

スウェーデンの方法が相対的に成功した鍵は、男性客だけでなく、売春宿を所有経営し、女性を管理する者に対する罰則の詳細を記載したことである。アトランタなどの性奴隷の蔓延した地域で女性の不正取引を取り締まろうとしているカーターセンターの人権擁護会議の参加者たちも、この方法を強く推薦している。著名な男性や警察官に対し、裁判で売買春に関係したり、利益を得たりしたことを公表したり、重い罰金や懲役を科すことは、疑いなくきわめて効果的であろう。相変わらずアメリカの方針は正反対で、男性客と斡旋業者の五〇倍の売春婦が逮捕されているのだ。

二〇一三年九月に、アトランタで希望のもてる出来事があった。十五歳の少女を虐待した斡旋業者に終身刑の判決が下された。陪審員が有罪とした彼の罪状は、人身売買、売春斡旋、悪質な肛門性交、児童虐待、強姦、不法監禁である。有罪判決を受けた男は前年の十一月にインターネットで十代の少女と知り合い、その後本人に会い、自宅に監禁して強姦したうえで、さまざまなホテルで男性客の予約をとり、少女の集めた料金を全部取り上げていた。この十代の少女は、まだ運のいいほうである。客の一人から携帯電話を手に入れ、両親に連絡することができた。両親は警察に届け、比較的短い監禁で救出された。

ポール・パーマー牧師は、アトランタ・ドリームセンターの設立者である。アトランタ・ドリームセンターは、アトランタで性奴隷の状態に置かれている未成年者のために働き、救出することを使命としている。私たちの人権擁護会議で、宗教指導者はこのひどい犯罪に対して何ができるかという質問が、パーマー牧師に出された。彼は感情を込めて、「買春者は朝目覚めて、すぐに出かけて児童を買おうと考えるわけではない。他のこと、たとえばポルノを見る。彼らはおそらく幼い頃に、性的な虐待を受けていたのだろう。虐待というかたちでしか男らしさを誇示できないことに葛藤があることも多い。女性たちを自分たちの姉妹として尊重しなければならないことを、私たちは男性に教えてこなかったのだ。……私たちは宗教的指導に失敗した。若い男性なら仕方のないことだと思ってしまう。私たちは態度を明確にして、『もうやめなさい』と言わなければならない」と答えた。

モロッコは、政治の領域で女性の権利の強化のために何ができるかという点で、すばらしい手本を示している。そこではイスラム法が強い要因となっている。ロザリンと私がはじめてモロッコを訪問したのは三〇年以上も前のことである。私たちはフェズやマラケシュやその他の都市を訪問したあと、ラバトに戻り、国王ハッサン二世と会見した。ハッサン二世は私の母の友人だった。きわめて気さくに会話をする仲であったと話してくれた。以前母が国王に招かれてモロッコを訪問したとき、高価な何本かの香水を、荷物に入らないという理由で、断ったことがあった。彼は自分で届けることを約束した。国賓として二人の息子とともにホワイトハウスに来たとき、国王から公式行事に私の母も出席してほしいという要求があった。最初の夜、国王は母の部屋のドアをノックし、満面の笑みを浮かべて、大きなシャネル五番の香水瓶を差し出した。母は「奥さんのいない旅行中は、本当に普通の男性のようになるのね」と喜んだ。国王に向かってこのような口の利き方をした人間は、他にはいないことだろう。

王宮で国王の客として夕食に招待され、私たちは母の言葉を思い出して談笑した。そして家族について、楽しい会話を交わした。国王は長男モハメドの花嫁を探していると言い、王子は血縁関係のない砂漠の首長の娘と結婚するのがモロッコの習慣だと説明してくれた。首長の娘は独立心と気力に富む遺伝子をもっていると信じられている。花嫁候補は王宮に参内し、王子によって「選ばれる前に試される」ことになる。モハメドが自分自身で妻を選ぶと決めたことに、国王は不満を口にした。最終的に王位継承権のある王子はサルマ・ベナニと結婚した。親は教師で、彼女も工学の学位を取得している。ララ・サルマ王女となった花嫁は、称号をもつはじめてのモロッコ王の妻である。これまでは「王の子どもの母」といったような呼び名で知られていた。

現在モハメド六世が王国を統治している。大きなデモも含め、相当の反対があったにもかかわらず、モハメド六世はモロッコ女性の地位の向上を提案した。二〇〇四年にはついに国会が国王の提案を承認した。新しい法律は結婚の年齢制限を、裁判官による例外的判断がないかぎり、十八歳に引き上げ、夫と妻は家族に対して対等に連携して責任をもつと記し、婚姻契約の条件を定める際は女性に多くの権利を保障し、女児が成人になったときに男性後見人を廃止することとした。女性は自分の意思に反する結婚を強いられなくなり、育児の意思決定で夫の言うなりになることもなくなった。夫婦間での諍いは、一か月以内に解決しなければならない。子どもの世話をする親が、家を所有する。娘も息子も財産を相続する権利を有する。婚外子も、実父の認知が受けられる。ハッサン二世には二人の妻がいたが、新しい法律では、裁判官が例外的な理由があると認め、最初の妻の承認があり、夫が二つの家族を養えることを証明する場合のみ、二つ目の結婚ができる。離婚は司法裁判所でのみ認められ、宗教は関係せず、まず可能な限りの調停が行われることになる。配偶者に独立した収入がある場合は、資産の管理と所有に関して、結婚の誓約とはべつに、契約について話し合うことができる。

他のイスラム教の王国も、西側諸国もすべて、このような改革を行うべきだ。

政治的指導者と女優の協力は、深刻な問題の解決が急速に進んでいることを示すもう一つの例である。ボスニア戦争での女性に対する虐待は、女優アンジェリーナ・ジョリーが制作、監督した『最愛の大地』のテーマになった。イギリスの外務大臣ウィリアム・ヘイグは自分のスタッフの一人から、先行上映会でこの映画を観るように勧められた。映画を見たヘイグは、紛争地帯におけるレイプの問題を公にするために、大規模な外交的な働きかけを始めなければならないと思い、各国政府による是正行動のために、可能な限りの国際的支援を組織した。二〇一二年五月に、ヘイグはジョリーとの連携を発表した。ジョリーは国連難民高等弁務官事務所の特使であり、イギリスからの七〇人のチームを結成して紛争地に赴き、武力紛争時の性的暴力に関わった人々の起訴に利用する証拠と証言を集めること、各国がさらに効力のある法を採用するように働きかけること、レイプの犠牲者を守りケアするために、医師や弁護士、警察などの力を借りることを公約していた。外務大臣ヘイグとジョリーは、ボスニア・ヘルツェゴビナで二万人以上、シエラレオネで五万人以上、一九九四年にルワンダのジェノサイドの百日間に少なくとも二五万人の女性がレイプされたと公表した。これらの罪で裁判にかけられた男性はほんのわずかしかいない。いまシリアの内戦でも、同様のことが起こっている。

ヘイグとジョリーは最近コンゴ東部とルワンダを訪れ、性的虐待を受けた女性たちと面会した。また残虐なレイプで知られている武装集団との交渉力があるという地方の政治指導者とも会った。紛争地帯ではレイプが戦時の武器として活用されていること、また、しばしば国際社会がこの残忍な犯罪を無視することによって、犯人たちが性的虐待を繰り返しているとヘイグは指摘した。コンゴ東部のゴマの病院で治療を受けたレイプ被害者の七四パーセントが子どもであり、生後十二か月から六歳までの本当に幼い一一人の女児もレイプされたと報告されている。ジョリーは「あまりにも長いあいだ、このような目にあう何の責任もない無垢な戦争犠牲者が、最もひどい苦痛を味わってきた」と述べた。

三週間後にヘイグはカナダ、フランス、ドイツ、イタリア、日本、ロシアとアメリカの外務大臣が集まった会議の議長を務めた。レイプや性的暴力はジュネーブ会議の声明に対する重大な違反であり、普遍的管轄権を行使できるという、新しい国際的合意に全員が賛同した。また、犯人の起訴に備えて、これらの犯罪証拠資料と調査資料が提供された。この合意の主眼は、このような犯罪を防ぐために、平和協定で性的暴力の犯人を起訴免除にしないということだ。二〇一三年六月にイギリスが国連安全保障理事会の議長役となったとき、外務大臣ヘイグはその機会を利用して、戦時性的暴力についての討論会を開いた。その結果、この問題に対する安全法小委員会決議が、四五か国で共同提案され、満場一致で採択された。二〇一三年七月に私がヘイグを訪問したとき、二〇一三年九月の国連総会で、この問題についての国際集会を招集することを考えていると話してくれた。そして彼はその約束を果たした。一人の外務大臣と一人の映画スターの、戦時レイプの問題を国際的な議論にしようという近年の努力は、著しい成果をもたらした。

私が個人的にヒーローと評価するのは、「長老の会」の一人、インドのエラ・バットである。両親は最高位のバラモン階級で、彼女は最高の教育を受け、法学の学位を取得し、一九五五年に繊維労働組合（ＴＬＡ）の法務部に加わった。繊維労働組合はマハトマ・ガンジーが設立したもので、エラはまもなく女性部会のリーダーになった。一九七二年に、インドで五番目の大都市アフマダーバードの繊維工場が破綻し、労働者が解雇されたとき、エラはその地域に赴き、女性たちが行商や、裁縫、たばこ巻きなどの内職で、家族を養っているのを目撃した。このような仕事は低賃金で、搾取的であった。工場で働く労働者を守る国法はあるが、家族を養うために自営で働く何千人という女性のための法律がないことを知ったエラは、しだいにこの問題に関心を抱くようになった。エラはこのような女性たちと自営女性労働者協会（SEWA）を立ち上げ、自身が書記長になった。エラはガンジーを手本にした。ガンジーは、労働者の組織は圧政的な法律や国家政策に対抗する総合的な防御として、労働者の生活のあらゆる面を包括するものでなければならないと信じていた。SEWAはまもなくTLAより過激とみなされるようになった。自営女性の利益は、大きな工場の労働者の利益に反することもあった。

一九八一年に暴動が起こった。インドのカーストの高位階級の人々が、最下層の不可触民に仕事や労働機会が与えられることに反対したからである。SEWAの大部分は不可触民階級の出身で、エラと組合は虐げられた女性たちのために闘った。はっきりと発言するために、TLAからは排除されたが、結果的には、SEWAは急速にメンバーを増やし、影響力も高めた。現在ではSEWAは一七〇〇万人の女性が加入するインド最大の主要組合である。極貧の女性たちのために、エラは一〇〇以上の生活協同組合を作ってきた。貧困層の女性の四分の三以上が、一日二〇セント未満で暮らし、日雇い労働をしても、次の収入の見込みがない状態に置かれている。現在、一〇万人以上の女性がＳＥＷＡの健康保険に加入し、三五万人が組合銀行の預金者である。ほとんどの貸付は一〇〇ドルほどで、運営費をまかなうために一五パーセントの比較的高い利率にもかかわらず、返済率は九七パーセントを超えると銀行は報告している。

二〇一三年二月に、エラ・バットは平和と軍縮と開発のためのインディラ・ガンジー賞を受賞し、働く女性たちとその貢献について、次のようなすばらしい言葉を述べた。

私は女性の力を信じています。私が経験してきたように、インドや他の国で観察してきたように、社会を再建するための鍵は女性です。どうしてでしょう。女性に注目してみてください。そこには安定した社会を熱望する強い絆があります。女性は家族のための基盤を望みます。女性は労働者であり、供給者であり、介護人であり、教育者であり、ネットワークの構築者であり、縁を結ぶ者です。何千人もの貧しい女性たちが参加し、代表を務めることが、平和と開発を推進するために、不可欠のことだと私は思っています。女性は建設的で創造的で持続可能な解決策を議論にもたらします。小さな土地を耕す女性が、野菜を栽培し、布を織り、家族を養い、市場に作物を運びます。自分の家族の経済的、社会的、教育的、精神的な必要を気遣うことは、多機能な労働であり、それは安定した社会の建設者であることにほかなりません。

「長老の会」の審議が行われているあいだ、エラはいつも黙って私たちの討論を聞いている。そのあと、エラは手を挙げる。すると全員が静まり、耳を傾ける。ほぼすべての問題において、それがどのように貧しい女性労働者の生活の安定に影響するかを、エラは指摘する。貧しい女性たちを適切に処遇し、より大きな社会に組み込むことが、どのように万人の利益になるかをエラは説く。エラは女性の貧困を、「社会の承認を得た暴力」であると明言する。

女性に対する暴力は、現代の世界で、どこにでもあると同時に、最も見えにくい不正である。私の著書『神のために』で述べているように、この暴力を語るときに欠けているのは、これらの暴力的な行為に対する、他の男性からの強い批判である。とくに、権力、権威、影響力をもつ男たち、たとえば説教壇にいるような男性からの批判である。その著書の中のある章で、「男による女の虐待には、他の男が黙っていない、という確固たる原則を作らなければならない。この原則を完全に明確なものにするために、もっと多くの男性の声が、この訴えに加わる必要がある」と、私は訴えている。

『ソジャーナー』発起人、編集者、寄稿者　ジム・ウォリス

女性や女児に対する虐待を減らすために、カーターセンターの協力による取り組みが数年にわ

たって行われている。その中で学んだ重要なことの一つは、カーターセンターのような外の組織では、当事者として女性の虐待と闘っている女性たちと協力していても、幼児婚や女性器切除を終わらせることができないということである。あいかわらず女性は平等の処遇を得られず、共同体全体からの援助も、部族の伝統的な首長やその他の指導的立場にいる男性からの支えすらも受けることがない状態に置かれている。NGOトスタン代表のモリー・メルチングによると、男性が女性の議論の場に迎えられたとき、女性たちは自分たちの目標を「女性の権利」に代えて、「人間の権利」と呼び始めたそうだ。男性参加の効果は大きい。静かに支持するにせよ、はっきりと発言するにせよ、男性が改革に賛成したからこそ、トスタンは女性器切除や幼児婚を廃止するために実質的に進展しはじめた。たとえば、地域の首長などの男性が幼児婚に反対するようになる最も効果的な方法は、女の子が学校へ行き、仕事に就いて給料を得るほうが、幼くして結婚して夫の家でこき使われるより、家族が繁栄することを示すことである。

コンゴ民主共和国で行われた私たちの人権のセミナーに参加した地方の首長が、アトランタで開催した人権擁護フォーラムに参加した。帰国してから、現地の兵士が十四歳の少女に暴行したことがわかった。その首長は自分でその兵士を探し、椅子に縛りつけ、警察が来て兵士を逮捕するのを待った。そして自分の力で、誰にも被害少女を責めたり仲間はずれにしたりさせないようにした。このような大胆な行動の成果は、マラウイ、セネガル、リベリア、ガーナなど他のアフリカ諸国でも認められる。指導的立場にいる誰かが、状況を変えることの社会的な利益にいったん気づくと、彼らは地域の人々の代弁者となり、さらに全国の委員会や議会で発言し、影響力を発揮する。

もう一つのよい例は、『アトランティック』誌が二〇一三年六月に掲載した、中央マラウイのクワティンという英語教師の記事である。若い頃彼は陣痛で苦しんでいる女性を見かけた。地域の医療機関に連れていこうとしたが、間に合わず、出血でその女性は死んでしまった。クワティンは首長になったとき、妊娠期間中すべての女性は「秘密の母親役」から助言を受け、出産時には資格のある専門家が付き添うことを決めた。妊婦を介護なしに自宅で出産させた場合は、家族に山羊一頭か鶏一羽の罰を科した。厳しく取り締まった結果、二〇〇七年には領地内で四〇件の死亡事件があったが、この三年間は、妊産婦の死亡がなくなった。クワティンはいま、技能のある助産師として若い女性を採用している。二〇一五年までに二千人の助産師採用を目標にしている。マラウイの大統領ジョイス・バンダは彼の仕事を評価し、国内に二万人いる首長の手本として紹介している。

クワティンやコンゴの首長を範とし、女性の基本的人権を守る行動を起こすのを妨げているものは何であろうか。問題の大きさと複雑さに、どうしていいかわからない者もいるだろう。社会的暴力に鈍感になって、暴力に気づかなくなっている者もいるだろう。聖書を誤解し、神は女性を低い地位に置いたと信じている者もいるだろう。家父長制社会の優位を失うことを恐れる男性もいるだろう。しかし先述した二つの成功例は、一人ひとりの力強い行動が、いかに女性の苦しみを軽減できるかを示している。そのような行動が、いかにもっと広い社会の利益になるかを示している。政治指導者や宗教指導者は特別な責任を担っているが、私たち全員が、自分自身の力の及ぶ範囲で、この難しい問題に向き合うために、行動を起こすことができるのである。

私の希望は、この本の出版と宣伝が、その助けとなることである。「長老の会」はこれからも女性の差別と虐待に対抗する重要な働きをすることだろう。そしてカーターセンターの全員が、他の人々と手を携え、努力を惜しまず貢献したいと切望している。例を挙げれば、カーターセンターの新たな取り組みである「女性のための信仰動員」計画は、行動を起こしたい人も、自分の取り組みを報告したい人も含めて、関わりたいと思っている人にオンライン情報を提供する準備を進めている。次の項目は、私たちが経過観察し、支持している行動計画である。この本を読んでくださった皆さんに、カーターセンターのウェブサイトを訪れてほしい。そして私たちのこれらの働きに参加してほしい。

1　虐待の被害者ではなくとも、女性たちにもっと力強い発言を促す。声を上げる者が報復を受けないように保護されるのは、当然のことである。

2　政治指導者、宗教指導者に、虐待の実態を知らせ、それを減らしていくために何ができるかを考えてもらう。

3　これらの指導者に、国連人権高等弁務官及び他の人権と平和を促進する他の国連の機関の支持者になってもらう。

4　武力の介入は、テロや国民の安全保障を脅かす最後の手段として用いられ、安易に戦争や暴力に頼らないことを宗教・政治上の指導者に呼びかけるようにする。

5　死刑を廃止し、過度の長期間の収監ではなく、犯罪者、とくに暴力と関わりのない犯罪者の社会復帰を図るようにする。

6　女性の虐待を是正するために、女性議員やファーストレディの力を統合し、民間の卓越した女性たちの関与を促す。

7　十九世紀に奴隷制廃止に踏み切ったように、人身売買を終わらせることを各国が第一優先事項に掲げるように説得する。

8　軍における性的暴力の取り締まりから軍の指揮官を退け、正式な検察官が起訴できるように援助する。

9　タイトルナイン（教育改正法第九編）による女子学生への支援を適用し、あらゆる国の大学キャンパス内の性的暴力の問題を減らすために、法の厳格化を図る。

10　新しい国連ミレニアム開発目標に、特別に、女性の権利を加える。

11　幼い女児の殺害や産み分けによる女の胎児の中絶を公表し、糾弾する。

12　男性加害者にＧＰＳの位置確認装置を装着させたり、配偶者による虐待の報告を警察に義務化させたりするなど、虐待を受けた女性のためのシェルターに代わる方法を探す。

13　国連や他の法的な防御を強化し、女性器切除や幼児婚、人身売買などの女性に対する虐待を終わらせる。

14　助産師や他の医療従事者の研修を増やし、出産時の医療を提供する。

15　女性の権利と非暴力を推進するための宗教上の正しい教義を、学者たちが明確にするのを助け、その活動や実践を行っている人々が、研修や様々な参考資料等を利用できるようにする。

16 アメリカ上院は「女性に対するあらゆる形態の差別の撤廃に関する条約」を批准するべきだと主張する。

17 アメリカは「女性に対する暴力防止の国際法」を適用するべきだと主張する。

18 能力と資格のある女性がもっと公職に就くように促し、その支援をする。

19 女性に平等の権利を認める活動を支援してくれる、影響力のある男性を募る。

20 スウェーデンの方法を採用し、売春婦ではなく、売春仲介業者と売春宿の所有者、そして男性の客を罰する。

21 平和への努力に女性の参加を促す「安保理決議一三二五」を周知させ、それを実行する。

22 戦争手段としての性的暴力行使を糾弾する「安保理決議一八二〇」を周知させ、それを実行する。

23　「名誉」の殺人を糾弾し、禁止する。

謝辞

カリン・ライアンならびにカーターセンターの仲間たちに、特別な感謝の意を表したい。その助けがあればこそ、私はこの本を執筆することができた。カリンは人権に関する専門家として私たちを率い、世界中から人権を守るために闘う人々が集まって毎年開催される集会の指揮をしている。私たちはこの集会を「人権擁護フォーラム」と名づけた。カリンは女性に対する差別の問題がますます深刻になっていると考え、この問題に私たちも取り組むべきだと、長年にわたって強調してきた。カリンは女性の権利の擁護者たちを集め、情報を共有し、示唆が得られるように計らってくれた。二〇一三年の集会の主要な参加者の中から出た鋭い意見が、私にとってとくに有益だった。

有能な編集者であるアリス・メイヒューと組むのも一一回目である。アリスをはじめ、サイモン・アンド・シュスター社の編集者やデザイナーに、たいへんお世話になった。たくさんのやり取りがあって、丁寧な助言や訂正を受けることができたことに、深く感謝している。

一九八一年から、大学の講義、スピーチ、著書に関して、私はスティーブ・ホックマン博士に助けてもらっている。ホックマン博士は明確であることと正確であることを大切にする。私自身も、その高い基準に到達したいと思ってきた。ホックマン博士のおかげである。

訳者あとがき

一九七七年から一九八一年まで第三九代アメリカ大統領を務めたジミー・カーターが、退任後の活動を振り返り、人権擁護の観点から、女性の権利の推進に向けて、「いま、アクションを起こそう」と呼びかける本書は、二〇一四年に出版された。大統領時代のカーターは、一九七九年に起こったイランアメリカ大使館人質事件の膠着を打開することができなかったり、国内のインフレや経済不況に有効な対策も打たなかったと批判されることもあったが、一九八二年に妻のロザリンとともに非政府・非営利の「カーターセンター」をジョージア州アトランタに設立し、平和と健康促進を軸に世界各地で活動を展開するなど、むしろ退任後の積極的な活動が評価され、二〇〇二年にはノーベル平和賞を受賞している。

アメリカ大統領は自国のみならず、世界に対して大きな役割と責任を担う。是非はともかく、一国の元首にとどまらない影響力は、誰もが認めることであろう。その判断、その発言が世界の将来を左右すると言っても過言ではない。そしていま、まさに世界中の注目を浴びて同国大統領の予備選挙が行われている。大統領選は膨大な時間と手間をかけて実施される。絶大な権力を託すための手続きを、世界中が見守っている。

しかし、それだけの力と責任を担い、一つの頂点を極めるからこそ、退任後にどのような仕事をするかということが大きな課題にもなるにちがいない。元大統領としての威信と品位を損なわず、社会に対して有効な活動を積極的に継続していくことは、容易なことではないだろう。

本書を読むと、カーターが、自身の知名度と世界に広がるネットワークを効果的に活用してきたことが理解できる。カーターはアメリカ大統領だったという肩書きを有効に利用し、病気に苦しむ人々を救い、不当に差別される人々、貧困にあえぐ人々を扶助する。その力を存分に発揮しようと努める姿勢が、本書の隅々まで貫かれている。「ノブレス・オブリージュ（高貴なる者に伴う義務）」の体現といえるだろう。力を有する者の責任をカーターは肯定的に受け止め、いまも活動を続けている。

その活動の中で、とくに女性の問題に焦点をしぼり、本書は執筆されている。因習的な考えによって差別を受ける女性や女児の状況を改善する必要を説き、地域社会における健康改善に女性が果たす役割の重要性を実証し、女性のリーダーシップの可能性を具体的に示している。

カーターは希望を語る。一朝一夕に世界が変わるはずもなく、女性が踏みにじられ犠牲になる環境が、発展途上国ばかりでなく先進国にも、アメリカにもある現実にカーターの嘆きは深い。しかし、女性たちのリーダーシップが発揮され、女性どうしの連携がその地域全体の生活の向上や改善につながった数多くの成功例が、九十歳を超えたカーターの強い信念を支えている。

すべての人の権利が守られる社会の構築を目指すカーターの信念は、キリスト教の信仰に支えられるものであり、本書にもたくさんの言葉が聖書から引用されている。他の信仰、価値観、習慣にも敬意と寛容な理解を示す一方で、恣意的な解釈をする宗教指導者に対して、カーターは鋭い批判の目を向ける。「伝統」という解釈のもとに行われる理不尽で無慈悲な差別や暴力が存在し続け、その犠牲の大半は女性や女児である現実を前に、カーターは女性たちの代弁者として立ち向かう。女性であるということだけで教育も受けられず、情報からも疎外され、決定権を奪われた女性たちのために、カーターは地球規模の社会変革を訴える。

カーターが拠り所とするキリスト教的価値観に意見の分かれることもあるだろうが、本書が共感を呼ぶのは、カーターが人種、宗教を超え、あらゆる人を尊重し、寛容なまなざしで世界を見つめているからに他ならない。人権という普遍性がカーターの判断を貫いている。

良心とは何か、誠意とは何か、という問いに対する一つの答えが、本書にある。国際的な状況の変化は速く、二〇一四年に本書が出版されてわずか二年で、本書の記述にそぐわない状況もある。本書に描かれるシリアは分裂国家になる前のものである。ヨーロッパへの大量の難民も、まだ押し寄せてはいない。それでも、変化のスピードが速い時代だからこそ、カーターの一貫した信念と変わらない誠実さが、ますます光を放つ。

翻訳に当たって、固有名詞は日本語で一般的な表記がある場合はそれに従ったが、あまり知られない人名などは英語の発音によって表記するようにした。聖書からの引用については、いくつかの日本語訳の聖書を参考にしつつ、全体の文体の統一をはかるため、新たに訳している。世界人権宣言も、外務省の翻訳を参考にしながら、理解しやすいように訳した。カトリックでは「教皇」を公式な日本語の名称としているが、通例にならい本書では「法王」と訳し、コプト教のみ「教皇」としている。

翻訳は千年よしみ、釜野さおり、そして伊藤淑子の三人で進めた。カーターが大統領に就任した一九七七年、千年はカリフォルニア州の中学校に通っていた。カーター大統領の少し訛りのある英語を、クラスメートのアメリカ人が真似して、笑いを取っていたことを千年は覚えている。その前年はアメリカ独立記念二百年で、祭りムードの中、いきなりジョージア州から出てきた知名度も低いカーターが、クリーンなイメージで票を伸ばし当選した。釜野は二期目の選挙戦でカーターがレーガンに敗れ、共和党に政権が移行したあと、アリゾナ州の高校三年に編入した。必修科目だった「アメリカ政治」の授業を毎回一番前の席で受け、家に帰ってから授業で配布された資料の用語を調べて辞書がボロボロになった記憶がある。伊藤は大学学部時代がカーターの任期に重なる。当時始まったばかりの地域研究の学際性に惹かれ、アメリカ学を志したところだった。いまのようにインターネットもなく、情報は新聞や雑誌が頼りだった。興味はしだいにアメリカの女性運動に傾斜していったが、ようやく学問としての女性学が普及しはじめた時期だった。それぞれの若い頃の思い出が、翻訳を通して鮮明に蘇り、カーター政権時代から現代まで、記憶は何度も行き来した。
三人で協力して進める作業は、互いを刺激し、楽しいものではあったが、日常の業務に追われる毎日の中で、時間ばかりが経過する時期もあった。そのような私たちを励まし続け、適切な助言をくださったのは、国書刊行会の中川原徹さんである。心から感謝を申し上げたい。また、編集に協力くださった萩尾行孝さんに、感謝を申し上げたい。万が一の誤りがあれば翻訳を担当した三人の力不足であるが、たくさんの助力を得て、翻訳を完成することができた。この機会をいただいたことに、深く感謝している。

二〇一六年六月

伊藤淑子

訳者紹介

伊藤淑子（いとう・よしこ）
大正大学文学部教授
著書：『家族の幻影』（大正大学出版会、2004）、『史料で読むアメリカ文化史』（共著、東大出版会、2005）、『「アンクル・トムの小屋」を読む』（共著、彩流社、2007）、『アメリカ文学にみる女性改革者たち』（共著、彩流社、2010）、『ファンタジー、空想の比較文化』（新水社、2014）
訳書：マーガレット・フラー『19世紀の女性』（新水社、2013）

千年よしみ（ちとせ・よしみ）
ペンシルバニア州立大学大学院農村社会学・人口学博士課程修了（Ph.D）
現職　国立社会保障・人口問題研究所国際関係部室長
専門　社会人口学（主な関心領域：国際移動、家族）

釜野さおり（かまの・さおり）
スタンフォード大学大学院社会学研究科博士課程修了（Ph.D）
現職　国立社会保障・人口問題研究所人口動向研究部室長
専門　社会学（主な関心領域：家族、ジェンダー、セクシュアリティ）

アクションを起《お》こそう ——女性《じょせい》、宗教《しゅうきょう》、暴力《ぼうりょく》、権力《けんりょく》

2016年6月24日　初版第1刷発行

著　者　ジミー・カーター
訳　者　伊藤淑子、千年よしみ、釜野さおり
装　幀　真志田桐子
発行者　佐藤今朝夫
発行所　株式会社 国書刊行会
〒174-0056 東京都板橋区志村1-13-15
TEL 03(5970)7421　FAX 03(5970)7427
http://www.kokusho.co.jp
印刷・製本　三松堂株式会社

ISBN 978-4-336-06007-5